UM BILHÃO DE ANTROPOCENOS NEGROS OU NENHUM

KATHRYN YUSOFF

UM BILHÃO DE ANTROPOCENOS NEGROS OU NENHUM

TRADUÇÃO RITA PASCHOALIN

Bazar do Tempo

SUMÁRIO

O problema era a gravidade e a solução era a gravidade.

DIONNE BRAND, *LOVE ENOUGH* [AMOR SUFICIENTE]

O pensamento do Outro é a generosidade moral que me levaria a aceitar o princípio de alteridade, a conceber que o mundo não é feito de um bloco e que ele não é apenas uma verdade, a minha. Mas o pensamento do outro pode habitar-me sem que me mova em minha errância, sem que ela me "afaste", sem me mudar em mim mesmo. É um princípio ético, o qual me bastaria não violar.

O Outro do pensamento é esse próprio movimento. Nesse caso, devo agir. (...) Eu mudo e transmuto, faço trocas. Trata-se de uma estética da turbulência, cuja ética que lhe corresponde não está dada de antemão.

ÉDOUARD GLISSANT, *POÉTICA DA RELAÇÃO*

PREFÁCIO

ENTORNOS E ENTRANHAS DO CORPO-TERRA

APÓS SEIS ANOS DA SUA EDIÇÃO ORIGINAL (2018) e uma década e meia do início dos trabalhos da Subcomissão de Estratigrafia do Quaternário[1] – cujo objetivo era decidir se a terra teria adentrado uma nova "época geológica" marcada pela intensa ação humana – *Um milhão de Antropocenos negros ou nenhum,* de Kathryn Yusoff, ganha uma tradução em português. Poucos meses separam a edição brasileira da divulgação do relatório de conclusão sobre as evidências do que o meterologista holandês Paul Crutzen e o biólogo estadunidense Eugene F. Stoemer designaram Antropoceno.[2] O intervalo entre os primeiros debates deflagrados por esses geólogos e seus pares científicos e as críticas que

1 Vinculada à Comissão Internacional de Estratigrafia da União Internacional de Ciências Geológicas. Ver, respectivamente, "What is the Anthropocene? – current definition and status". *Subcommission on Quaternary Stratigraphy, Working Group on the "Anthropocene"*. Disponível em: <http://quaternary.stratigraphy.org/working-groups/anthropocene/>. Último acesso: 23 maio 2025; e IUGS-ICS, The Anthropocene. Declaração da International Union of Geological Sciences, 20 mar. 2024. Disponível em: <https://www.iugs.org/_files/ugd/f1fc07_ebe2e2b94c35491c8efe570cd2c5 a1bf.pdf>. Último acesso: 23 maio 2025.

2 P. J. Crutzen e E. F. Stoermer, "The 'Anthropocene'" [O 'antropoceno']. *Global Change Newsletter*, n. 41, p. 17-18, 2000; Martin J. Head, et al. "The Anthropocene is a Prospective Epoch/Series, Not a Geological Event" [O antropoceno é uma prospectiva de época, não um evento geológico]. *Episodes Journal of International Geoscience*, v. 46, n. 2, p. 229-238, 2023.

Yusoff dirige aos sentidos devotados ao termo abrigam instâncias, nuances e distintos entendimentos acerca das relações entre o planeta e das várias espécies de seres humanos[3] e outros-que-humanos que o habitam.

Um bilhão de Antropocenos negros ou nenhum aponta aos esvaziamentos e a toda forma de obliteração que apartam da terra os corpos de milhões de viventes afetados por séculos de práticas extrativistas. O chamado à reflexão aparece em sintonia com textos e vozes distribuídas em variadas tessituras ficcionais, poéticas, filosóficas e sociológicas. Junto a elas, Yusoff vocaliza uma radical dissonância com relação aos feitos daquilo que Achille Mbembe chamou de "fronteirização",[4] ao lado das estratégias de obliteração e dos silêncios que circundam o debate sobre o Antropoceno. Seus argumentos resultam de uma cuidadosa composição aberta à dispersão que pontua as poéticas potentes da dor e os insurgentes combates com os outros "compartilhantes".[5] Vozes e textos que vêm, há muito, desvelando os extratos, as camadas, as fissuras, as configurações geofísicas, as determinações primárias e os fenômenos sobrevindos do clima, com as quais vem sendo feito certo conhecimento da terra sujeita às transformações produzidas pelo

3 Variação que, conforme argumenta Sylvia Wynter, parte da crítica a sobreposição a certas imagens do "humano" e os modelos de descrição e inclusão da "humanidade". Sylvia Wynter. "1492: A new world view." In: Vera Lawrence Hyatt e Rex Nettleford (orgs.) *Race, Discourse, and the Origin of the Americas: A New World View* [Raça, discurso e a origem das Américas: uma visão do novo mundo]. Washington, DC: Smithsonian Institution Press, 1995.

4 "O que é, pois, 'fronteirização' senão processos pelos quais os poderes deste mundo continuamente convertem certos espaços em lugares intransitáveis para determinadas categorias de pessoas?", Achille Mbembe, *Políticas da inimizade*. Tradução de Sebastião Nascimento. São Paulo: n-1, 2020, p. 76.

5 Antônio Bispo dos Santos, *A terra dá, a terra quer*. São Paulo: Ubu, 2023, p. 91.

Antropoceno. Yusoff diz que reconhece a geologia como uma formação racial desde o início e, em sua práxis, como uma disciplina extrativa e teórica. Num terreno acidentado cheio de falhas e acontecimentos geológicos, é preciso atenção e cuidado. É importante não estar sozinha. O texto de Yusoff insiste na natureza coletiva da empreitada ao pensar o Antropoceno *com* outros corpos, vocalizar *com* outras vozes. Trata-se, sem dúvida, de uma escavação sensível das pragmáticas, do que a autora chama *geofísica material da raça*, que é receptiva à fricção do que o seu conhecimento inaudível encerra, produz.

Os caminhos que a levaram à releitura e crítica não foram trilhados sozinhos. Neles, reconhecemos Aimé Césaire e seu *Discurso sobre o colonialismo*, que aponta o dedo para uma Europa "indefensável"; Frantz Fanon e *Os condenados da terra*, que costura as superfícies dos corpos e da terra; Édouard Glissant e a *Poética da Relação*, assombrado em busca de uma "estética da terra", "do transtorno e da intrusão. Encontrar equivalentes febris para a ideia de 'meio ambiente' (que prefiro chamar entorno) e para a ideia de 'ecologia' que pareciam tão ansiosas nessas paisagens de desolação. Imaginar forças de bagunça e doçura para a ideia de amor à terra, ideia essa tão derrisória ou que funda com frequência intolerâncias tão sectárias".[6] O livro resulta em um chamado a outros modos de habitar a terra, e se articula com o trabalho promovido pelas geotecnias da submissão. De onde se avizinham terrenos oclusos da violência, experiências e manifestações sujeitas à de(s)formação e ao

6 Aimé Césaire, *Textos escolhidos: A tragédia do rei Christophe; Discurso sobre o colonialismo; Discurso sobre a negritude*. Tradução de Sebastião Nascimento. Rio de Janeiro: Cobogó, 2022; Frantz Fanon, *Os condenados da terra*. Tradução de Lígia Fonseca Ferreira e Regina Salgado Campos. São Paulo: Companhia das Letras, 2022; e Édouard Glissant, *Poética da Relação*. Tradução de Marcela Vieira e Eduardo Jorge de Oliveira. Rio de Janeiro: Bazar do Tempo, 2021, p. 182.

esvaziamento vão ocupando a flor e as entranhas da terra. O homem – como argumenta Sylvia Wynter, uma versão moderna, secular e ocidental da espécie que se distingue de outros viventes, vistos como não humanos, como resultado de taxonomias biológicas e econômicas[7] – branco, genérico, universal, onisciente, agente do progresso e do desenvolvimento, nada mais é do que a antropomorfização de um resíduo geológico. Um quimérico cristal que pilota toda sorte de engrenagem e pode ser visto desde os laboratórios, nos encontros e confabulações planetárias. Quando exposto às lacunas e à escuridão das falhas geológicas, das fendas abissais da incerteza, o que ele inflete são bilhões de Antropocenos negros. Ali, onde a terra aparentemente inerte parece ter aniquilado a vida, restam dobras, resíduos, poeira e vestígios a reanimar outros modos de existência.

*

Nesse exercício de escavação, Yusoff revolve camadas de intervenções, táticas de sublevação, manifestações públicas e, sobretudo, reflexões em palavras. Além dos textos e autores já mencionados, Yusoff convoca autoras negras caribenhas e estadunidenses lidas tanto como contraestéticas quanto contra-analíticas à geo-lógica carcerária dos colonizadores brancos no colonialismo e na escravidão do Novo Mundo. A leitura ao reverso do cânone das teorias e das práxis em torno do Antropoceno é realizada como um tipo singular de arqueologia. As evidências, como citações e evocações textuais, são

7 Sylvia Wynter, "Unsettling the Coloniality of Being/Power/Truth/Freedom: Towards the Human, after Man, its Overrepresentation — An Argument" [Desestabilizando a colonialidade do ser/poder/verdade/liberdade: rumo ao humano, após o homem, sua super representação - um argumento]. *CR: The New Centennial Review*, v. 3, n. 3, p.257-337, 2003.

coletadas para sustentar pinceladas, nuances de um objeto latente que sempre esteve lá; um pensamento crítico que antecipa questionamentos aos devaneios universalistas constituídos no "rastro ontológico da geologia" (p. 22).

*

Nos três primeiros capítulos, Yusoff aponta para evidências de que uma "fábula moral" sobre o Antropoceno pode ser conhecida ao atentarmos para sua historicidade própria. Ela diz: o "Antropoceno tem se metamorfoseado. O mundo o adotou, lhe deu propósito e utilizou como recurso conceitual, história materialista e uma fábula moral sobre os apuros do planeta" (p. 21). Ao apoderar-se de suas *próprias* histórias, a experiência colonial erigiu histórias sobre o solo e as espécies transplantadas, cultivadas e domesticadas, nas quais ficaram de fora todos os sujeitos racializados deixados no caminho. O liberalismo representa o espaço e a diferença em instrumentos cartográficos e erige sua própria geografia feita de marcas geobiológicas – o Novo Mundo como um platô, geofísica da exploração ilimitada, espaço conquistado graças à agência, à moralidade, aos direitos conquistados e à racionalidade dos humanos, enquanto o trabalho e os corpos de outras espécies são subcategorias de *inumanos*.

A matéria cria e destrói paisagens graças à ativação de quantidades incomensuráveis de energia. O ouro, apontado por Yusoff como matéria que emula a riqueza em peso, faz uso de sangue humano e carvão vegetal, subjugando corpos humanos e não humanos por meio de regimes da escravização, criando formas de não ser para a produção. "Do ponto de vista histórico, tanto os escravizados quanto o ouro precisam ser material e epistemicamente criados através do reconhecimento e da extração de suas propriedades inumanas." (p. 22) A extração da bauxita para a transformação em alumínio alcança o valor mais alto de energia, as águas são vertidas em direção a enormes vazios de onde a terra vermelha é arrancada da superfície do solo. A paisagem é vertida em ausência, as linhas imaginárias que separam céu e terra se dissipam, as engrenagens de ferro e alumínio ocupam o território reconstituído como matéria de uma infraestrutura sem nome ou bandeira. A terra é transformada em máquinas leves, estruturas voadoras e flutuantes capazes de se rearticularem em cadeias. As lógicas extrativistas e comerciais que orientaram a confecção de moedas, adornos, joias e barras de ouro outrora conectadas ao comércio de viventes e à violência da escravidão se atualizam. Curiosamente, tal atualização se dá junto com ações emergenciais, políticas reparadoras, compensatórias, rituais e declarações apologéticas que miram passados recentes do capitalismo.[8] Aparecem descontinuamente irmanadas a renovados mecanismos de extração, ao lado das indústrias de reciclagem e de troca que transformam bilhões de latinhas de alumínio prensados lançados em galpões das periferias das grandes cidades. A leve matéria ganha peso por mãos e máquinas operadas por subcategorias de humanos. A promessa de mitigação dos efeitos do Antropoceno é então reinserida; torna-se matéria das infraestruturas das linguagens da transformação e novas cadeias produtivas acrescidas das inscrições do "compromisso social" nos mesmos espaços que institucionalizam o subtrabalho, criam o dejeto, transformam o lixo e a "humanidade" como expressões dos *inumanos* corpos desterritorializados. Dizer "metamorfose" do Antropoceno implica reconhecer que as relações *natureza* e *cultura* não apenas foram e são muitas, mas que as suas histórias que reclamam o

8 Michel-Rolph Trouillot, "Abortive Rituals: Historical Apologies in the Global Era" [Rituais abortados: desculpas históricas na era global]. *Interventions: International Journal of Postcolonial Studies*, v. 2, n. 2, p. 171-186, 2000.

"antropo através de um comum geológico universalista" tergiversam e "apaga[m] as histórias de racismo incubadas na estrutura regulatória das relações geológicas" (p. 21). Aimé Césaire, com razão, não encontrou solução para essas forças que não querem cessar. Para tanto, "seria preciso", dizia ele, "estudar como a colonização age para descivilizar o colonizador, para embrutecê-lo na real acepção da palavra, para degradá-lo, para despertá-lo para os instintos subterrâneos, para a cobiça, a violência, o ódio racial, o relativismo moral".[9]

O que emerge de forma singular no texto de Yusoff é o fato de a crítica se impor de dentro dos discursos que criam, legitimam, separam e valorizam diferentemente os corpos e a matéria geológica. Diz ela ao definir o que chama de "Geologia Branca":

> a semiótica da Geologia Branca cria materialidade *a*temporal deslocada do lugar e do tempo – uma mitologia de desassociação na formação da matéria independente de suas linguagens de descrição e da constituição histórica de suas relações sociais. (p. 24)

Yusoff retoma um projeto, já esboçado em trabalhos anteriores, em que procura responder, afinal, do que é composta a "vida geológica" – "uma dimensão mineralógica da composição humana que permanece pouco teorizada no pensamento social atual e imediatamente relevante para a conceituação material, temporal e corpórea dos combustíveis fósseis".[10] Um pensar *com* a geologia, na qual as composições da matéria não podem ser apartadas.

9 A. Césaire, op. cit., p. 164.

10 Kathryn Yusoff, "Geologic Life: Prehistory, Climate, Futures in the Anthropocene" [Vida geológica: pré-história, clima, futuros no Antropoceno]. *Environment and Planning D: Society and Space*, v. 31, n. 5, p. 779-795, 2013.

Um pensar que incide onde a "especiação antropocênica" (p. 22) dissimula ao declarar distinguir aparentes propriedades dos corpos e dos materiais geológicos (bem como seu valor geobiológico), mas permanece em estado de contínua transformação sem jamais desconhecer e deixar de reproduzir as descontinuidades e desigualdades entre os humanos, os inumanos e os lugares nos quais proliferam. Em contrapartida à lógica da especiação promovida pelo Antropoceno, Yusoff observa os processos de transmutação que tornaram a matéria geológica um objeto inerte. Esses estão diretamente ligados à invenção das categorias raciais e associados a toda sorte de teorias e práxis assentadas em pressupostos de infra-humanidade, o que reiteradamente denomina o "inumano". Então, "rastrear as materiações raciais ao longo da categoria do inumano, e em especial o tráfego entre o *inumano enquanto matéria* e o *inumano enquanto raça*, significa examinar o modo como o conceito de inumano é o elo entre os discursos gêmeos da geologia e do humanismo" (p. 25).

Qual seria o fim que o Antropoceno, como risco e iminente ameaça ao planeta, anuncia? Quais histórias de começos e origens – uma gramática da antropogênese nos termos de Yusoff[11] – são contadas de forma a preservar as lógicas da especiação que elegem certos tipos de *humano*, na arguta observação de Fanon e Wynter, como modelos de uma sociogenia? Respostas provisórias nada alvissareiras impedem qualquer idealismo que implique desconhecer as comunalidades entre a terra-matéria geológica e as propriedades dos *inumanos*. Pois, "mesmo que o Antropoceno estenda seu escopo sobre a geologia sob uma ótica explicitamente politizada dos processos geomórficos,

11 Id., "Anthropogenesis: Origins and Endings in the Anthropocene" [Antropogênese: origens e fins no Antropoceno]. *Theory, Culture & Society*, v. 33, n. 2, p. 3-28, 2016.

trata-se de uma 'visão de lugar nenhum'". Nesse caso, a "visão do olho de Deus é invertida e se torna a visão de um olho lítico que produz comuns geológicos de baixo para cima" (p. 23).

*

Como pedras que rolam, o olhar de Yusoff para os bilhões de Antropocenos negros – ou, na definição de Antônio Bispo dos Santos, de "pessoas afroconfluentes" que emergem das entranhas da terra – são ritornelos feitos em blues. A apartação entre humanos e *inumanos* nas "políticas da vida"[12] é reinstaurada e confrontada incessantemente em fluxos e linguagens renovadas que buscam definir qual é o outro nome da terra, "quem dela come, quem ela quer",[13] quem sobre ela desliza e nela se esconde. Como pedras.

Olívia Maria Gomes da Cunha
Professora do Programa de Pós-Graduação
em Antropologia Social do Museu Nacional,
da Universidade Federal do Rio de Janeiro
PPGAS-UFRJ

12 Kristina M Lyons, *Vital Decomposition: Soil Practitioners and Life Politics* [Decomposição vital: profissionais do solo e políticas de vida]. Durham: Duke University Press, 2020.
13 A. Bispo dos Santos, op. cit., p. 91.

CAPÍTULO 1

GEOLOGIA, RAÇA E MATÉRIA

Vamos começar pelo fim do mundo, por que não?

N. K. JEMISIN[1]

Cada geração confronta a tarefa de escolher o seu passado. Heranças são escolhidas assim como são passadas adiante. O passado depende "menos do que aconteceu em outra época" do que dos desejos e descontentamentos do presente. Ambições e fracassos também dão forma às histórias que contamos. Aquilo que recordamos tem muito a ver com as coisas terríveis que esperamos evitar ou com a vida boa pela qual ansiamos. Mas e quando chega o momento de parar de olhar para o passado e, em vez disso, conceber uma nova ordem? Quando é hora de sonhar com um novo país ou abraçar outros estrangeiros como aliados para criar uma abertura, uma proposta, onde não há nenhuma? Quando fica claro que a velha vida se foi, uma nova se iniciou e não se pode olhar para trás? Dentro da cela era possível ver além do fim do mundo e imaginar-se novamente vivendo e respirando?

SAIDIYA HARTMAN[2]

1 N. K. Jemisin, *A quinta estação*. Tradução de Aline Storto Pereira. Rio de Janeiro: Morro Branco, 2017.

2 S. Hartman, *Perder a mãe: uma jornada pela rota atlântica da escravidão*. Tradução de José Luiz Pereira da Costa. Rio de Janeiro: Bazar do Tempo, 2021, p.125.

ATRAVÉS DOS ESPAÇOS E LUGARES DA GEOLOGIA, de suas linguagens de descrição e de desapropriação, a questão do Antropoceno se transmuta, criando mundos com pronunciamentos epocais acerca do "Novo Mundo" da humanidade, partindo mundos na formação dos "Fins" de temas centrais: Homem, História, Civilização. Em seu breve mandato, o Antropoceno tem se metamorfoseado. O mundo o adotou, lhe deu propósito e utilizou como recurso conceitual, história materialista e uma fábula moral sobre os apuros do planeta. Em igual medida, essa analítica planetária fracassou na tarefa de identificar adequadamente suas *próprias* histórias de escrita colonial da terra, de nomear os senhores das terras partidas e de revisitar o legado de sujeitos racializados que a geologia deixa pelo caminho. Ela fracassou em lidar com a herança de despossessão violenta de terra indígena sob os auspícios de uma geo-lógica colonial e em abordar as gramáticas extrativistas da geologia que atuam na instrumentação e na instrumentalização das narrativas coloniais dominantes e de seus registros subjetivos, frequentemente subjugantes, que são uma práxis contínua de deslocamento.

O liberalismo moderno é forjado por meio da violência colonial, e a escravidão está no mínimo em sobreposição com suas ideias e experiências de liberdade, se não mesmo com raiz material de sua possibilidade histórica. Assim, as formas como a geologia subscreve esse contínuo – de subjetividade liberal e sua historicidade – e como a geologia enquanto práxis conduz materialmente essa relação rumo ao futuro deveriam importar numa transição epocal. À medida que o Antropoceno proclama a linguagem da vida da espécie – antropo – através de um comum geológico universalista, ele habilmente apaga as histórias de racismo incubadas na estrutura regulatória das relações geológicas. A categorização racial da Negritude compartilha sua origem com a mineração do Novo Mundo, assim como, em primeira instância, o ímpeto material pelo colonialismo. Isso significa que a ideia de Negritude e o deslocamento e erradicação de povos indígenas são capturados e definidos no rastro ontológico da geologia. Ao longo da história, o humano e sua subcategoria, o inumano, possuem uma relação com um discurso de direitos coloniais e com as práticas materiais de extração, o que significa que a categorização da matéria é uma concretização espacial, de lugar, terra e pessoa arrancada da relação pelo deslocamento geográfico (e pela realocação por meio da ocupação forçada e da escravidão transatlântica). Ou seja, a racialização pertence a uma categorização material da divisão da matéria (corpórea e mineralógica) em ativa e inerte. A matéria extraível deve tanto ser passiva (à espera da extração e da posse de suas propriedades) quanto capaz de ser ativada por meio do domínio do homem branco. Do ponto de vista histórico, tanto os escravizados quanto o ouro precisam ser material e epistemicamente criados através do reconhecimento e da extração de suas propriedades inumanas. Essas relações geológicas históricas e essa geo-lógica se espalham pela Europa, Américas, África e Ásia com o movimento de pessoas, objetos e categorias raciais e materiais. Assim, tornar-se pós-racial através da especiação antropocênica é atuar como coadjuvante do humanista ardiloso[3] (Yusoff e Thomas, 2018) – aquele que estabelece os parâmetros para o reconhecimento de modos históricos de materiação geopolítica ao mesmo tempo que mantém relações desiguais de poder por meio da contínua exposição ambiental.

3 K. Yusoff e M. Thomas, "Anthropocene" [Antropoceno] in L. Turner et al. (org.). *Edinburgh Companion to Animal Studies* [Compêndio de Edimburgo sobre estudos animais], 2018.

Neste momento de reinscrição da geologia como uma propriedade da pessoalidade no Antropoceno (na estratégia de geologizar o social e de socializar o geológico), é necessário levar em conta suas vidas pregressas de inscrição, não apenas aquelas agora buscadas nos estratos. Ou, em outras palavras, que modos de *vida geológica*[i] (material e física) já estão imbricados nas práticas geológicas, quase sempre de maneiras violentas? A geologia é um modo de acumulação, por um lado, e de desapropriação, por outro, dependendo de que lado da linha geológica de cor está o indivíduo. Neste livro, pergunto de que forma a geologia está sendo reelaborada no Antropoceno e considero qual historicidade resistiria ao enquadramento da época atual como uma "nova" condição que esquece suas histórias de opressão e de desapropriação. Este projeto pretende escrever uma pré-história que abranja a ambivalência radical das *sobrevidas da geologia* – da desapropriação da terra e da soberania indígenas na invasão das Américas, passando pela contínua geopolítica do colonialismo, pela escravidão, "quebrando pedras acorrentado sob o sol" (como canta Nina Simone), até as encarnações atuais da antinegritude na mineração do ouro negro; e dos impactos racializados da mudança climática. Revisitar o modo *como* a geologia cria relações de propriedade e transforma uma relação de subjugação em propriedade é desafiar a incompletude da abrangência do Antropoceno.

Mesmo que o Antropoceno estenda seu escopo sobre a geologia sob uma ótica explicitamente politizada dos processos geomórficos, trata-se de uma "visão de lugar nenhum". A visão do olho de Deus é invertida e se torna a visão de um olho lítico que produz comuns geológicos de baixo para cima.[4] A unificação

4 K. Yusoff, "Politics of the Anthropocene: Formation of the Commons as a Geologic Process" [Política do Antropoceno: formação dos bens comuns como um processo geológico], *Antipode: A Radical Journal of Geography*, 2017b.

de sua visão ao longo do tempo e do espaço das práticas geológicas aparentemente oferece uma política indiferenciada e indiferente. A apreensão do passado no presente dos impérios mineradores coloniais das nações brancas colonizadoras enquadra a Geologia Branca como um regime histórico de poder material, não como um imaginário genético. Neste livro, quero rever o modo como as qualidades descritivas da nomenclatura da geologia produzem o que Hartman chama de "silêncio educado" em torno da normalidade dos modos de extratação, como se estes fossem não racializados. Abordar esse silêncio seria entender a geologia como regime de produção tanto de sujeitos quanto de mundos materiais, em que a raça é estabelecida como um efeito do poder dentro da linguagem dos objetos da geologia. Para ser mais precisa, a linha divisória da materialidade (e seus sujeitos) como inumana e humana – e, portanto, inerte ou dotada de arbítrio – operacionaliza a raça.

A Geologia Branca torna legível um conjunto de extrações: de determinadas posições subordinadas, de corpos negros e *brown*[5] e das ecologias de lugar. O funcionamento coletivo das linguagens geológicas codificadas – inumano, propriedade, valor, posse – como categorias atravessa território, relação e carne. Não se trata apenas de que a geologia é um significante para a extração, mas ocorre uma transmutação dentro dessa significação que transforma matéria em propriedade, que demarca os limites entre agência e inércia, o que estabiliza o *corte* da propriedade e provoca a remoção da matéria de suas relações

5 O termo *brown* se refere no mundo anglófono a uma identidade política e sociológica diversa. Seu uso mais amplo acontece nos Estados Unidos, em que o termo pode se referir a pessoas originárias ou com ascendência da América Latina, do Sudeste Asiático, do Oriente Médio e, até mesmo, indígenas americanos. Ainda que faça referência ao tom da pele, como o termo "pardo" em português, sua aplicação excede a aparência. (N.R.T.)

constitutivas tanto como sujeito quanto como mineral integrado em campos sociológicos e ecológicos. Assim, argumento que a semiótica da Geologia Branca cria materialidade *a*temporal deslocada do lugar e do tempo – uma mitologia de desassociação na formação da matéria independente de suas linguagens de descrição e da constituição histórica de suas relações sociais.

A distinção entre as figuras do humano e do inumano e suas manifestações na vida subjetiva demonstram uma das mais terríveis consequências da divisão da materialidade organizada e utilizada como ferramenta biopolítica de governança. A distinção da matéria em inanimada e viva concerne não apenas à matéria, mas à organização racial da vida como fator fundacional das geografias do Novo Mundo. A categoria biopolítica do não-ser é estabelecida através da troca de escravizados por e como ouro. A escravidão foi um axioma geológico do inumano no qual o não-ser foi criado, reproduzido e posto em circulação como carne. Esse desfazer de sujeitos constitui uma dobra de desapropriação na narrativa progressista de acumulação coletiva ou de um comum geológico que todos "nós" compartilhamos. A produção de não-seres em práticas extrativas coloniais por meio da designação de vida inumana ou geológica, de sua troca e circulação, demonstra o que Christina Sharpe[6] chama de a "monstruosa intimidade" dos poderes subjetivos da geologia, em que o ouro aparece como corpos, e corpos são o excedente da extração mineralógica. O inumano é um chamado que cruza categorias, materiais e simbólicas, corpóreas e incorpóreas, intimidades recortadas da vida e não vida no registro indiferente da matéria.

A geologia (e seus objetos fósseis) tem sido entremeada por questões de origens, processos de racialização através da especiação

6 C. Sharpe, *Monstrous Intimacies: Making Post-Slavery Subjects* [Intimidades monstruosas: a construção do sujeito pós-escravidão], 2009.

e noções de progresso, além de ser uma práxis para a inscrição de lógicas raciais *dentro* da política material de extração que constitui velhas formas de racismo (da eugenia ao racismo ambiental). Rastrear as materiações raciais ao longo da categoria do inumano, e em especial o tráfego entre o *inumano enquanto matéria* e o *inumano enquanto raça*, significa examinar o modo como o conceito de inumano é o elo entre os discursos gêmeos da geologia e do humanismo. Esse elo estabelece um eixo extrativista tanto na vida subjetiva quanto na geológica (ou planetária). De forma mais evidente, a raça (e o Humano) está vinculada a narrativas fósseis[7] e a processos racializados de extração, mas também se faz presente em modos de discurso racial em relação a ideias de propriedade, posse e uso da terra. Na categorização da matéria como *propriedade* e *propriedades*, são realizadas tanto uma desapropriação espacial da terra (para extração) quanto desapropriações de pessoas na escravidão (como mais uma forma de extração espacial). O escravizado nesta formulação é transformado em matéria, reconhecido através de uma relação de propriedade inumana – o que Saidiya Hartman chama de fungibilidade –, como uma mercadoria com propriedades, mas sem vontade subjetiva ou agência (ou "carne", nos termos de Hortense Spillers). Assim, a apresentação de sujeitos como matéria inumana, e não como pessoas, incorporou e colaborou com o fato histórico da extração da pessoalidade como uma qualidade da geologia desde sua concepção.

Seguindo o trabalho de Hartman e Spillers, quero prestar atenção às gramáticas da geologia e pensar com os métodos de

7 K. Yusoff, "Geologic Life: Prehistory, Climate, Futures in the Anthropocene" [Vida geológica: pré-História, clima, futuros no Antropoceno], *Environment and Planning D: Society and Space*, 2013; "Anthropogenesis: Origins and Endings in the Anthropocene" [Antropogênese: origens e finais no Antropoceno], *Theory, Culture, and Society*, 2016.

objetificação que o gênero do Antropoceno tanto desencadeia quanto mantém. Essa linguagem material do inumano e sua produção da categoria subjetiva do não-ser criam distorções históricas e apresentam impossibilidades para a vida subjetiva, em especial o que Hartman chama de "sobrevidas da escravidão".[8] A mina e as sobrevidas de sua ação geomórfica constituem a materialidade do Antropoceno e seu momento de nascimento, desde a transformação da mineralogia da terra na extração de ouro, prata, sal e cobre até a imensa transformação de ecossistemas na movimentação de pessoas, plantas e animais através dos territórios, combinada à implantação intensiva de monoculturas de índigo, açúcar, tabaco, algodão e outros ecossistemas "exóticos" no Novo Mundo. As histórias complexas dessas sobrevidas da escravidão continuaram nas linhas de prisioneiros acorrentados que instalaram as ferrovias e trabalharam nas minas de carvão até o estabelecimento de novas formas de energia. Segundo Stephanie LeMenager, "o petróleo foi literalmente concebido como uma substituição ao trabalho escravo".[9] Abordar a raça como uma proposição geológica (ou falar em *geologias de raça*) é uma forma, portanto, de revelar a imbricação de materiais inumanos e relações de extração que vão além de uma configuração baseada em locais específicos de racismo ambiental como uma organização espacial da exposição aos perigos ambientais. É necessário examinar as categorizações e enquadramentos epistemológicos que produzem o mundo material e discursivo erguido pela geologia em suas formas tanto históricas quanto atuais. Mais especificamente, no léxico da geologia – enquanto nomeação de propriedade e de propriedades –, certos modos

8 S. Hartman. *Cenas da sujeição*. Tradução de Fernanda Silva e Sousa e Marcelo R. S. Ribeiro. São Paulo: Fósforo, 2025.

9 S. LeMenager, *Living Oil: Petroleum Culture in the American Century* [Vivendo de óleo: a cultura do petróleo no século americano], 2014, p. 5.

extrativos são configurados e empregados para promover a desapropriação em registros territoriais e subjetivos. A geologia está historicamente situada como *zona transacional* na qual conceitos do eu vinculados à posse e à propriedade estão entrelaçados – como o entrelaçamento da escravidão em contraposição à liberdade e as formas materiais de vida subjetiva social em contraposição à individuação liberal.

Se, ao revisitar a geologia política, o que está em jogo primeiramente é exigir a ruptura dos poderes conotativos da linguagem – a possibilidade de alternar entre humano e coisa, sujeito e matéria –, então, em segundo lugar, trata-se de seguir essa suspensão com uma orientação que reconheça a sobrevida dessa perturbação como de uma luta contínua de reorientação na valorização da vida negra e em lutas concomitantes por água, ar e terra descontaminados. Por que a linguagem da geologia permite o intercâmbio de uma pessoa como objeto material de propriedade e com propriedades (uma unidade de energia corpórea), e como ela desvia de registros biopolíticos de análise crítica consagrados? Quais são as figurações psíquicas do ouro e do escravizado na imaginação cartográfica colonial que permitem essa troca entre simbólico e material? A resolução dessa possibilidade de troca se dá na linguagem geológica do inumano e nos léxicos do inerte e da matéria desprovida de agência. Minha intenção não é reivindicar o inumano como uma posição dialética a partir da qual se reconfigurem as exclusões humanistas em relação aos seus Outros (porque, como bem nos lembra Wynter, o Humano é uma categoria ocupada); em vez disso, quero considerar o inumano uma categoria analítica com a qual se possa esmiuçar o trânsito entre relações de raça e economia material e pensar a raça como uma economia material que surge através da economia libidinal da geologia (enquanto desejo por ouro, mineralogia e metalurgia). Mas quais são as trocas envolvidas entre as classificações da geologia e as de raça? De que maneira opera a escravidão como um "erro de categorização" inumano da geologia?[10] Entre mineral-como-propriedade e pessoa-como-propriedade, seguindo Spillers, "a questão para mim permanece a concatenação propriamente dita – o que na natureza da 'propriedade' pode ter provocado tamanho deslocamento e condensação, ao longo de uma sequência de pensamento analógico, suficientes para trazê-la para o escopo do 'humano'?".[11]

Para tratar da racialização da geologia dentro do contexto das novas histórias de origem que estão sendo moldadas na busca pelo início da época do Antropoceno, recorro à historicidade que está sendo estruturada nesses eventos – aquilo que Dionne Brand chama de "cadáveres da narrativa humanista" que constituem o "não evento" sedimentado desses momentos.[12] Essa vida geológica subjetiva e subjugante acontece no espaço-tempo fugitivo ou insurgente da geologia antropocênica; contudo, são as próprias práticas cotidianas que a constituem e que são constitutivas dos sujeitos. Isso é enxergar o Antropoceno como uma representação psicopolítica da subjetividade e como uma apresentação histórica da materialidade.[13] Se esse projeto parece ser uma contra-história das relações geológicas que difere da articulação atual de uma narrativa linear de acumulação, é porque o que pretendo é certamente abrir uma investigação dessa história e das linguagens que veiculam o trabalho

10 H. J. Spillers, *Black, White and in Colour* [Preto, branco e colorido], 2003, p. 20.

11 Ibid., p. 20.

12 D. Brand, "An Ars Poetica from the Blue Clerk" [Uma Ars Poetica do escrivão azul], *The Black Scholar*, 2017a.

13 K. Yusoff, "Queer Coal: Genealogies in/of the Blood, SI on Anthropocene" [Carvão queer: genealogias no/do sangue, SI sobre o Antropoceno], *philoSOPHIA: A Journal of Continental Feminism*, 2015.

da geologia pelo mundo (enquanto recurso, extração, inumano, posse). O nascimento de um sujeito geológico no Antropoceno levado a cabo sem um exame dessa história é um apagamento fatal, um renascimento sem responsabilidade.

A releitura das histórias de origem no Antropoceno contém ainda uma questão mais ampla: quais são as intrusões na vida subjetiva que acontecem através da geologia e de sua descrição da materialidade? Outra forma de apresentar a questão seria: de que maneira a manutenção das estruturas de materialidade (ou de códigos geológicos) propicia e perpetua a antinegritude e suas formas de subjugação, bem como o colonialismo persistente? De que modo a geologia é ao mesmo tempo operação de poder e uma explicação temporal para a vida no planeta? E quais são os contornos íntimos de suas posses materiais (como propriedade e extração)? O exercício do poder não se explica apenas em termos de como a escravidão transformou sujeitos racializados em objetos, mas também dentro da linguagem da geologia propriamente dita, que permitiu em um primeiro momento que tais manobras fossem feitas. A linguagem da materialidade e sua divisão entre vida e não vida, além de seu alinhamento com conceitos de humano e inumano, permitiram as divisões entre sujeitos humanos e sujeitos precificados como carne (ou matéria inumana).

Embora o humano e o inumano sejam tão frequentemente mapeados de maneira binária sobre a matéria orgânica e inorgânica e respectivas descrições, enquanto dialética ou modos definidores, há um *infra*materialismo que costuma escapar à percepção do autonomismo desses estados da matéria que são expressos ou como biologia ou como geologia. Dito de outro modo, costuma-se pressupor que a geologia é desprovida de sujeito (coisificada e inerte), enquanto a biologia está segura em sua identificação com o organismo (corporificado e senciente).

Pensar a Negritude em termos das relações de materialidade, de preto carvão, ouro negro, metal negro, e de como essas relações são configuradas em discursos da geologia e seus léxicos da matéria, revela as transações entre a geologia e o inumanismo tanto como modo de produção (ou extração) quanto de sujeição (ou uma forma violenta de vida geológica). De que modo a Negritude e a terminologia da geologia se interpenetram como substâncias equivalentes? Como é possível tal alquimia entre a escravidão e a geologia? Como se dá a fundição da geologia enquanto disciplina e processo de extração no cadinho da escravidão e do colonialismo? De que modo essa geologia (como estratégia colonial e neocolonial) institui a extração territorial (por meio de pesquisa, classificação, codificação e anexação)?

Essas linhas de investigação suscitam perguntas acerca da agência e do consentimento, da senciência e da matéria inumana, e acerca de como a agência da matéria, com e sem subjetividade, é pensada fora das estruturas do humanismo confortável e de suas linguagens de existência. Conforme deixa claro Édouard Glissant, "eu construo minha linguagem com rochas".[14] Dionne Brand escreve de modo similar: "Quero ir de encontro ao chão, moê-lo com meus dentes, mas acima de tudo quero mergulhar minhas mãos em pedra".[15] A história da Negritude, por sua própria negação na categoria de não-ser no âmbito das economias da Branquitude, habita de modo diferente a terra, em que "a negritude é definida aqui em termos de posição social, relacional e estrutural, e não em relação à identidade"[16] – uma relação percebida num registro material distinto

14 E. Glissant, *Poética da Relação*. Tradução de Marcela Vieira e Eduardo Jorge de Oliveira. Rio de Janeiro: Bazar do Tempo, 2021.
15 D. Brand, *In Another Place, Not Here* [Em outro lugar, não aqui], 1996, p. 76.
16 S. Hartman, op. cit., p. 166.

como "uma estética do transtorno e da intrusão (...) estética da ruptura e da interligação".[17] Nessa estética da terra, Glissant identifica o cerne do problema como a transformação do terreno em território: "o território é uma base para a conquista. O território exige que aí se plante e se legitime a filiação. O território define-se por seus limites, que devem ser ampliados".[18] Num ato de intrusão, procuro desestabilizar a *maneira de se apresentar* da geologia enquanto descrição inocente e natural do mundo, a fim de enxergar seus modos de inscrição e de circulação como uma duplicação da noção de propriedade – propriedade tanto como descrição da mineralogia quanto como aquisição (de recurso, terra, qualidade extrativa de energia ou mineral). Esse léxico geológico é uma prática que efetua o colonialismo por meio do que Sylvia Wynter chama de "humanismo científico", mobilizado como uma práxis de desapropriação.

As divisões epistemológicas da geologia e da biologia e suas respectivas análises da geopolítica e da biopolítica dividem o mundo entre um emaranhado de coerção biopolítica e arranjos territoriais de populações, reduzindo a interação entre os mundos geopolítico e biopolítico a uma questão de como as políticas da escala se mesclam com a vida subjetiva. Essa divisão epistêmica sedimenta uma geo-lógica que foi necessária para o roubo colonial, pois permitiu que escravizados se convertessem em ouro e fossem deslocados e se recusou a reconhecer as relações indígenas com a matéria "morta". Por exemplo, a Costa do Ouro[19] como fonte tanto de ouro como de escravizados foi ela mesma chamada de "El Mina".[20] Essas relações encontraram

17 E. Glissant, op. cit., p. 182.

18 Ibid.

19 Costa oeste do Golfo da Guiné, situada em território atualmente pertencente a Gana. (N.T.)

20 S. Hartman, *Perder a mãe*. Tradução de José Luiz Pereira da Costa. Rio de Janeiro: Bazar do Tempo, 2021.

suas sobrevidas neocoloniais nas indústrias de extração das ex-colônias. (Por exemplo, em 2012, a mina de platina britânica no complexo ígneo Bushveld[21] autorizou ataques por parte da polícia e de serviços de segurança aos mineiros em greve, resultando na morte de 34 mineiros.) A geologia é uma relação de poder e continua a constituir relações racializadas de poder em sua encarnação no Antropoceno e em sua manifestação material na mineração, em polos e corredores petroquímicos e em seus legados tóxicos – nos quatro cantos de um mundo que de forma resoluta distribui a exposição aos perigos ambientais de acordo com linhas de cor.

Ainda que alguma atenção tenha sido dada ao papel das epistemes científicas na formação moderna da raça, que ocorre por meio da colonização e da escravidão ao longo de uma época de construção de um mundo imperial que ainda não chegou ao fim, o sujeito histórico (como europeu-humano e seus Outros) é concebido como um sujeito biológico, não geológico. Como afirma Elizabeth Povinelli,[22] o modo de subjetividade dominante do liberalismo tardio é o do sujeito biocêntrico. Há certa obscuridade ou opacidade conferida aos afetos geopolíticos no nível das formações do sujeito que excede as imposições territoriais dos ordenamentos biopolíticos. Com isso, quero dizer que a geofísica do ser tem sido negligenciada em relatos de violência colonial. A intimidade dessa geofísica, como uma forma experimental e estrutural de vida (geológica), manifesta percepções de matéria, tempo, gravidade, barro e clima como modos de habitar ausentes nos confinamentos geoespaciais dessas geopolíticas. Christina Sharpe afirma: "então, estamos

21 Maior área de intrusão de matéria vulcânica em camadas da crosta terrestre, localizada na África do Sul. (N.T.)

22 E. Povinelli, *Geontologias: um réquiem para o liberalismo tardio*. Tradução de Mariana Ruggieri. São Paulo: Ubu, 2023.

aqui no tempo, aqui na singularidade. Aqui há desastre e possibilidade. E, apesar de 'sermos constituídas através da/pela vulnerabilidade contínua à força opressora, não é apenas por essa força que nos reconhecemos e somos reconhecidas'". (citando Brand, grifo no original).[23] Essas histórias alternativas são encontradas por toda parte nas narrativas e cenas de sujeição, para além das matrizes complicadas da vida colonial, na literatura e na música – não como expressões daquelas geopolíticas, mas como uma reação teórica tática que recria a subjetividade através dos sentidos numa análise concreta. Wynter sugere que o torque axiomático da sensibilidade se dá em terreno provisório, "onde a mente sente e os sentidos se tornam teorizadores".[24] Essa geofísica do ser no âmbito da geologia do império encontra seu lugar na estética crítica negra.

MONUMENTOS À RAZÃO GEOLÓGICA E AO TERRENO PROVISÓRIO

A busca pela monumentalização da história do Antropoceno é uma tentativa de reivindicar uma "inocência" em torno dessa geo-história. As histórias do Antropoceno revelam uma experiência brutal para muitos dos pobres racializados do mundo, sem a devida atenção à historicidade desses eventos (e de sua qualidade enquanto evento); o Antropoceno simplesmente consolida o poder por meio dessa inocência no presente para afetar decisões tomadas acerca do futuro e de seus modos de sobrevivência. O truque da dissimulada disciplina geológica

23 C. Sharpe, *No vestígio: negridade e existência*. Tradução de Jess Oliveira. São Paulo: Ubu, 2023, p. 137.

24 S. Wynter, *Black Metamorphosis*: *New Natives in a New World* [Metamorfose negra: novos nativos em um novo mundo], s. d., p. 109.

(enquanto economia extrativista e paleontologia das formas de vida no tempo profundo) é naturalizar (e assim neutralizar) o roubo da extração por meio de suas gramáticas de extração. Reapresentada como "desenvolvimento", a desapropriação colonial e de ocupação da relação com a terra e com a geografia nunca foi uma opção livre de coerção. Portanto, monumentos erguidos a esses momentos de extração apenas expandem a extensão do valor para essas forças coloniais. Ser incluído no "nós" do Antropoceno significa ser silenciado por uma reivindicação de universalismo que é incapaz de perceber suas subjugações, tomando parte em uma condição planetária *na qual nenhuma parte* foi consultada em termos de subjetividade. O suposto "nós" legitima e justifica as desigualdades racializadas vinculadas às geologias sociais.

Meu objetivo neste livro é criar uma narrativa que recuse esse relato da terra e de seus sujeitos como unidades de extração econômica, ao mesmo tempo que dá início a uma conversa acerca de como a geologia política pode ser diferente. Insistir em escrever com – e contra – a geologia social não é "humanizar" a geologia, mas entender o modo como as linguagens que já residem nela são mobilizadas como relações de poder – e como uma economia de descrição diferente é capaz de gerar um entendimento mais preciso da materialidade geológica que seja menos fatal (ao recusar as brutalidades rotineiras das economias de extração e o legado das práticas coloniais de geração de bens por meio da geologia). Pensar no Antropoceno como um conjunto de práticas materiais de duração e chegada que fizeram do mundo o que ele é, junto ao fato de que, para certa porção da população, o total desmantelamento desse aparato colonial é um estado desejado, é um convite a um modo diferente de construir o mundo. Como ressaltam a escritora de ficção científica N. K. Jemisin e Hartman nas epígrafes que abrem este capítulo, o fim do mundo já ocorreu para alguns sujeitos, e ele é o pré-requisito para a possibilidade de imaginar "viver e respirar outra vez" para outros. Se o Antropoceno está gerando uma nova terra geoquímica através do excesso de práticas coloniais, então não são apenas os processos geofísicos que demandam atenção, mas toda a história da produção de mundo como uma geofísica do ser – uma produção de mundo para poucos e firmemente comprometida com o projeto iluminista do individualismo liberal e suas exclusões. A vida social da geologia, portanto, não é um relato biográfico da geologia, mas uma práxis, uma produção de mundo no presente à luz das heranças das formações geossociais do passado. No horizonte obstruído do Antropoceno, no qual emerge como uma negociação definitiva com o planeta e o liberalismo tardio, a geologia pode enfim ser reconhecida como um regime para produção de sujeitos e regulação das vidas subjetivas – um lugar no qual as propriedades de pertencimento sejam negociadas.

A monumentalidade do Antropoceno é uma chance de explicar a linguagem que a geologia carrega e uma forma de estimular uma conversa que renegue a ideia de neutralidade da geologia como uma linguagem das rochas e do tempo profundo, inocente ou imune às configurações fatais do presente. O que costuma se tornar "político" nas relações geológicas é a infraestrutura – mina, oleoduto, jazida carbonífera, direitos sobre a água, desapropriação de terras, a saber, a economia política material. Essas infraestruturas estão inseridas em lutas importantes, que revelam uma rede de relações de poder e de subordinações (tais como o oleoduto Dakota Access), mas há também uma economia de poder prévia, uma geografia histórica da disciplina e seu funcionamento (enquanto formação acadêmica e economia material aplicada) que é pré-configurada através de uma matriz geossocial racializada.

Se abandonarmos a noção absurda de que a geologia é, de alguma maneira, imune à violência e à desapropriação desencadeadas pela extração de recursos minerais, então a geologia em seus registros inteiramente geossociais se destaca como força de transformação.[ii]

O que proponho é que a geologia é um olhar racializado lançado sobre a terra. Ainda que a conexão entre a geologia e a vida esteja sendo reconhecida em todo tipo de escalas biológicas, químicas e geomórficas sob a rubrica do Antropoceno, os contornos íntimos da vida geológica enquanto força e poder com vida subjetiva permanecem decisivamente silenciados.[25] O ato de nomear também pode ser um acobertamento. O Antropoceno é uma adaptação da geologia para um novo propósito, de uma disciplina de ciência extrativista e originária para uma formação material filosófica. Se o Antropoceno está adaptando a geologia, é preciso adaptar o Antropoceno justamente por causa da forma como essas histórias territoriais estão vinculadas à racialização da matéria. Buscar substanciar a geomaterialidade da raça é uma tentativa de localizar a disposição e a posição no Antropoceno que negam o trabalho invisível da reprodução social nas relações materiais, isto é, a direcionalidade antinegritude da extração e a atual ocupação colonial.

Talvez seja mais fácil argumentar que a raça não é um "problema" da geologia, mas do humanismo e de *suas* exclusões; culpemos o mestre, não as ferramentas. Mas a geologia é mais do que uma ferramenta; é uma tecnologia da matéria, sua formulação e o desejo que molda sua encarnação. A escravidão

25 K. Yusoff, "Anthropogenesis: Origins and Endings in the Anthropocene" [Antropogênese: origens e finais no Antropoceno], *Theory, Culture, and Society*, 2016; "Politics of the Anthropocene: Formation of the Commons as a Geologic Process" [Política do Antropoceno: formação dos bens comuns como um processo geológico], *Antipode: A Radical Journal of Geography*, 2017b.

em Portugal tem início no momento protocapitalista de 1441, estabelecendo os fundamentos do que se tornaria o tráfico de escravizados no Atlântico. Assim que os portugueses invadiram o Brasil, impuseram um regime de trabalhos forçados sobre os povos indígenas e, poucas décadas depois, no meio do século XVI, começaram a trazer africanos escravizados para complementar a força de trabalho no campo, nas cidades e nos engenhos. No começo do século XVIII, a escravidão foi reconceitualizada no âmbito do "problema" da mineração no Brasil. Esse "problema" de extração material estava situado nas evidentes dificuldades do trabalho indígena (dado que 90% da população foi dizimada por causa da violência ou de doenças) e nas propriedades que eram atribuídas à carne negra na Costa do Ouro. Esse ato estabelece a primeira linha de cor da Geologia Branca. A solução da raça é integrada à geologia como uma tecnologia material de extração, e a semiótica da raça passa a ser inscrita nos modos de classificação geológica *como* uma relação de matéria. É comum a análise da escravidão iniciar-se com a questão do trabalho, o que faz sentido – até certo ponto; mas existe um desejo que gera esse ponto e que propõe a pergunta: trabalho para quê? Nesse ponto, chegamos à explicação das *plantations*, ao açúcar na xícara e ao algodão que precisava ser colhido, mas antes dessas economias pré-capitalistas havia a mineração do ouro, da prata e do cobre que mobilizava a *fome* pela escravidão, e, posteriormente, o açúcar, que abastecia as classes trabalhadoras inglesas da Revolução Industrial em sua extração de carvão.[26] Como escreve Césaire, "somos um esterco ambulante hediondamente promissor de

26 S. Mintz, *Sweetness and Power: The Place of Sugar in Modern History* [Doçura e poder: o lugar do açúcar na história moderna], 1985.

canas tenras e algodão sedoso".[27] Na colaboração não consensual com a materialidade inumana tanto como uma propriedade de energia quanto em conjunto com outras fontes de energia (açúcar, carvão, minerais), a escravidão tornou a redistribuição de energia ao redor do globo em uma arma por meio da carne dos corpos negros.

Sendo a maior migração forçada de pessoas do mundo, os lucros acumulados com a escravidão durante o tráfico transatlântico de escravizados estabeleceram as bases econômicas da Europa Ocidental, do Caribe e das Américas. Como diz um texto exposto no Museu Nacional de História e Cultura Afro-americana, em Washington, D.C., nos Estados Unidos, que nos convida a pensar nas intimidades dessas relações materiais: "o custo humano era o imenso dano físico e psicológico aos escravizados. Suas vidas estavam incrustadas em cada moeda que trocava de mãos, cada colherada de açúcar adicionada a uma xícara de chá, cada puxada no cachimbo e cada porção de arroz". Que o imenso aumento do consumo de açúcar em 1850 coincida com o imenso aumento no uso do carvão talvez não seja algo tão surpreendente, uma vez que o açúcar era a conversão da energia escrava inumana em combustível, convertida de volta em energia humana, adicionada de mais energia inumana, para produzir a industrialização. O carvão era o corolário inumano desses corpos negros desumanizados. Preto carvão. Ainda assim, as histórias do Antropoceno começam, em toda parte, com meditações em torno dos grandes homens brancos da indústria e inovação para reforçar as genealogias imperiais. Por exemplo, "o aquecimento global é o subproduto involuntário

27 A. Césaire, *Diário de um retorno ao país natal*. Tradução de Lilian Pestre de Almeida. São Paulo: Edusp, 2021, p. 53.

por excelência. No começo do século XIX, um fabricante de algodão de Lancashire que decidisse abandonar sua antiga roda-d'água e investisse em um motor a vapor, erguesse uma chaminé e encomendasse carvão de uma mina das redondezas muito provavelmente não consideraria a possibilidade de que seus atos pudessem guardar algum tipo de relação com a dimensão do gelo no Oceano Ártico, com a salinidade do solo no Delta do Nilo, com a altitude das Maldivas, com a frequência das secas no Chifre da África".[28] Mas por que o fabricante não parou, se não para considerar o aquecimento global, para considerar os outros "subprodutos indesejados" da manufatura do algodão? Por que o autor sequer se valeu da presença do algodão na segunda linha da introdução de seu livro para ser alertado do clamor e do barulho das correntes? Na seleção dos homens brancos que moldaram o mundo, por que o algodão sequer "sinalizou" outra geografia para essa narrativa de bibliografia branca? Por que ele situou seu projeto nas narrativas império-coloniais recorrentes de indivíduo, lugar e agência? Não seria esse apagamento do não-ser ou do excesso do inumano e da inumanidade o próprio cerne da questão no "subproduto indesejado"? Como sugerem James Baldwin e Margaret Mead, "aquilo que chamamos de história talvez seja um modo de fugir da responsabilidade pelo que aconteceu, pelo que está acontecendo, no tempo".[29]

A circulação de energia entre corpos escravizados em *plantations*, plantas, plantas há muito mortas e fossilizadas e o trabalho industrializado é uma equação geoquímica de extração na conversão do excedente. No entanto, essa equação racializada de energia está situada num campo mais amplo da produção e da semiótica da extração. A escravidão não é um subproduto

28 Andreas Malm, *Capital fóssil*. Tradução de Humberto do Amaral. São Paulo: Elefante, 2025, p. 10.
29 J. Baldwin e M. Mead, *Rap on Race* [Discurso sobre a raça], 1971, p. 177.

desse processo; em vez disso, ela é impulsionada por uma geo-lógica extrativista indiferente, motivada pelo desejo por propriedades inumanas. O genocídio indígena e o colonialismo de ocupação também são parte dessa geo-lógica extrativista. Nesse sentido, a escravidão pode ser vista não como uma confusão de sujeito-objeto em relação à categorização inumana, mas como uma total submissão ao princípio da extração que foi imposta pela diferenciação inumana – "transformado do *sujeito humano* de sua cultura no *objeto inumano* da cultura europeia".[30] Os regimes de energia que estruturam a extração material foram inseridos à força na vida material e psíquica negra – ser energia para os outros, botar açúcar na xícara e nos músculos do trabalhador branco; como um "objeto" da energia geoquímica e da racionalização do corpo negro; como prazer energético em todas suas incontáveis formas que geram a "vulnerabilidade aberta e absoluta"[31] de corpos negros e *brown* diante dos regimes de extração brancos. Tal intervenção é o início do questionamento sobre o processo por meio do qual essas trocas se tornaram possíveis.

NOTA SOBRE O APAGAMENTO

O tempo de ação deste trabalho e o ímpeto para escrevê-lo nasceram de um posicionamento recorrente no âmbito dos espaços brancos nos eventos acadêmicos sobre o Antropoceno e como uma reação à falta de reconhecimento da questão da raça dentro desses espaços. A "extrema reserva da comunidade acadêmica"[32] em sua decisão de não se envolver com a

30 S. Wynter, op. cit., p. 10, grifo no original.

31 J. Sexton, "People-of-Color-Blindness" [Cegueira racial], *Social Text*, 2010, p. 44.

32 S. Hartman, "The Time of Slavery" [O tempo da escravidão], *South Atlantic Quarterly*, 2002, p. 771.

questão da raça e da ocupação colonial refutou de modo muito claro as posições críticas tomadas acerca do Antropoceno. Mais do que a onipresente tipologia social dos homens brancos dominante na academia, foi a questão da Branquitude da geologia propriamente dita como prática material que me incomodou. O desenvolvimento de uma análise da Geologia Branca é importante para o modo como o Antropoceno é concebido em termos de suas histórias de origem e de uma relação ambiental por vir (para além da individuação liberal). O desconforto persistente com as exclusões confortáveis fez com que este trabalho começasse como uma revisão, escrevendo rumo a um Antropoceno mais escuro – o lado oculto da Geologia Branca –, mas isso, ao que parece, deixou as estruturas institucionais do "evento" da geologia (e da linguagem que ela conduz) absolutamente intactas. Entendendo a Negritude não como metáfora, mas como materialidade (que tem uma vida simbólica, territorial e psíquica), a segunda parte do livro expande e mostra as fraquezas dos "eventos" do colonialismo de ocupação e da antinegritude que estão sendo monumentalizados nas cavilhas de ouro. No início de seu influente livro *Scenes of Subjection*,[33] Hartman remete o leitor ao "caráter espetacular do sofrimento negro", tão familiar e reprodutível, e é minha intenção aqui, com o apoio de muitas acadêmicas e acadêmicos dos Estudos Negros, não reproduzir o gênero da morte (social) negra por meios geológicos. Faço questão de reconhecer, no entanto, o modo como a práxis da geologia foi usada como instrumento de deformação nas possibilidades de vida subjetiva coletiva e ecológica para comunidades negras e *brown*.

33 S. Hartman, *Cenas da sujeição*. Tradução de Fernanda Silva e Sousa e Marcelo R. S. Ribeiro. São Paulo: Fósforo, 2025.

Talvez fosse mais simples "preencher" o Antropoceno por meio do contexto obscuro de suas histórias de origem, mas isso não repudiaria as estruturas de pensamento e arranjos materiais que causaram inicialmente a existência do Antropoceno. Trabalhos dos estudos negros e indígenas[iii] são cruciais neste contexto justamente porque articulam os confinamentos mais reservados e as contenções atuais do pensamento humanista, ao mesmo tempo que reivindicam uma reconfiguração das possibilidades de experiência subjetiva. Além disso, a exclusão dos sujeitos negros e *brown* do sujeito-mestre humanista e sua relação com a desapropriação geográfica (no genocídio, na alienação natal e no racismo ambiental persistente) produziu um rearranjo das estruturas e sons da materialidade na experiência negra e indígena. Se o Antropoceno é visto como uma ressurreição do impulso de restabelecer o humanismo em todos seus termos excludentes de universalidade, então qualquer teoria crítica que não trabalhe em conjunto com os estudos negros e indígenas (e não num modo extrativista ou suplementar) será incapaz de definir qualquer mudança epocal. Nas palavras de Césaire na epígrafe do livro, seria pensar o "pensamento do outro" sem o "outro do pensamento".

Com este livro, desejo indicar a direção de uma geologia menos coerciva através da crítica e da expansão de suas gramáticas. O problema da raça tem sido posto como sendo o problema do humano (isto é, a figura do humanismo). Contudo, se fôssemos começar pela prefiguração do humano, em sua origem no âmbito das tecnologias do inumano, um modelo diferente de extração emergiria. Em outras palavras, se o humano é apenas um dos problemas da revisitação do colonialismo, o qual, a despeito das tentativas de negociação, permanecerá uma subjetividade excludente tanto em termos dos direitos que lhe são designados[34] quanto da possibilidade de empatia ou reciprocidade,[35] então partir da categoria do inumano libera a possibilidade de uma redescrição da relação que pode "acontecer e se estabelecer".[36] Num corolário dos modos de descrição inumanos/desumanos da geologia, a poética negra é definidora de épocas na medida em que redireciona a lógica racial de extração através de novos modos energéticos e entendimentos de relações, dessedimentando as formas de historicidade inumana que são estabelecidas por meio do colonialismo. Hartman comenta que essas práticas e essa poética forjadas no terror da escravidão foram necessariamente subterrâneas: "porque essa opacidade – o caráter subterrâneo e velado da canção escrava – deve ser considerada em relação à imposição da transparência e à hipervisibilidade degradante dos escravizados. Da mesma forma, tal dissimulação deve ser vista como uma forma de resistência".[37] Nas alianças forçadas com o inumano, um modo diferente de relação subjetiva é forjado, no qual a Negritude é um nome para a subjetividade não normativa[38] ou, nos termos de Césaire, um "materialismo comunista".[39]

34 S. Wynter, "Unparalleled Catastrophe for Our Species? Or, to Give Humanness a Different Future: Conversations" [Catástrofe incomparável para nossa espécie? ou, para dar à humanidade um futuro diferente: conversas], in K. McKittrick (org.), S. Wynter: *On Being Human as Praxis* [Ser humano como práxis], 2015; A. Bogues, *After Man, towards the Human*: *Critical Essays on Sylvia Wynter* [Depois do homem, rumo ao humano: ensaios críticos sobre Sylvia Wynter], 2006.
35 S. Hartman, op. cit.; Frank Wilderston, *Incognegro*, 2008.
36 K. McKittrick, "On Plantations, Prisons, and a Black Sense of Place" [Sobre *plantations*, prisões e um sentido negro de lugar], *Social and Cultural Geography*, 2011.
37 S. Hartman, op. cit., p. 116.
38 F. Moten, *Na quebra: a estética da tradição radical preta*. Tradução de Matheus Araujo dos Santos. São Paulo: n-1 edições, 2023; *A Poetics of the Undercommons* [Uma poética dos sobcomuns], 2016.
39 A. Césaire, *Textos escolhidos: A tragédia do rei Christophe; Discurso sobre o colonialismo; Discurso sobre a negritude*. Tradução de Sebastião Nascimento. Rio de Janeiro: Cobogó, 2022, p. 185.

HISTÓRIAS DE ORIGEM PARA UMA NOVA ÉPOCA

O segundo capítulo deste livro, "Cavilhas de ouro e origens dúbias", se concentra nas histórias de origem do Antropoceno, as chamadas cavilhas de ouro da geologia, quando uma marca planetária onipresente nos estratos consagra a mudança epocal. Nessa estratigrafia política, percorro a historiografia do Homem Colonial ao Homem do Antropoceno para delimitar a chamada Geologia da Humanidade como um espaço subjetivo privilegiado. Então, olhando para as histórias originárias do Antropoceno – o "intercâmbio" colombiano de 1610; a industrialização do século XIX; a Grande Aceleração dos anos 1950 –, argumento como a colonialidade e a antinegritude estão materialmente inscritas no Antropoceno. Histórias materiais são histórias de origem – histórias que reproduzem não apenas os arranjos da matéria, mas os sujeitos através das divisões da matéria. Essa formação da origem geológica é importante na construção do Antropoceno tanto no domínio narrativo quanto no material justamente por causa do poder das histórias em designar cenários de agência e responsabilização. Durante muito tempo, as estratégias coloniais de ocupação se concentraram na genealogia para identificar (e assim coagir) a autoridade política existente e para identificar uma antropologia de "alteridade" que marcasse o colonizado por meio de uma linha divisória da diferença (a qual, por sua vez, justificava o roubo do território e das pessoas).[iv] Além desse reconhecimento do poder das histórias de origem e de sua permanência no presente, se faz necessário ainda registrar as qualidades estético-simbólicas da opressão como um modo de categorização já implicado com a organização das vidas subjetivas através da geologia.

O capítulo subsequente, "As inumanidades", situa o trabalho histórico da geologia na racialização da matéria através da escravidão e dos registros históricos de pesquisas geológicas no estabelecimento da ocupação colonial. Começando pelas especulações de Charles Lyell acerca da geologia e da escravidão em 1845, em *Travels in North America* [Viagens pela América do Norte],[40] discuto esses cenários entrelaçados a fim de mostrar como a organização e a categorização da matéria produzem a racialização. Essa produção cria tanto uma *lógica racial* que se estende ao longo e para além da mineralogia quanto uma *desterritorialização* que acompanha a extração. A geologia fornece a geo-lógica para omitir esses vínculos através de seu sistema de classificação de valor e de recursos, enquanto a escravidão deixa os sujeitos isolados e capturados nos indicadores do inumano. Esse capítulo trata do modo como a formação social da geologia através dos métodos de classificação, ordenamento e representação é uma grade de materiação do colonialismo ou uma taxonomia da raça. Sugiro que há uma íntima conexão material entre a designação e organização do inumano como mineralogia/geologia e o desumano, conexão esta estabelecida mediante um vínculo com o humanismo liberal (e sua reencarnação nos discursos do Antropoceno).

O capítulo seguinte, "Geologia Insurgente: um bilhão de Antropocenos negros agora", levanta questões sobre a carne do Antropoceno que foram aventadas nos capítulos anteriores através de suas histórias de origem e dos enquadramentos humanistas/inumanistas. O capítulo busca analisar a construção do "evento" da geologia desenvolvendo um engajamento com a escravidão e a subjugação e, em vez de ocultar o não-ser (mais uma vez), acompanho autoras e autores caribenhos e diaspóricos no rastro, clima e lama aluvial da dissipação colonial a fim de explorar os arquivos silenciados das ações geológicas.

40 C. Lyell, *Travels in North America* [Viagens pela América do Norte], 1845.

Esse capítulo aborda especificamente o manuscrito inédito "Metamorfose negra",[41] de Sylvia Wynter, no qual ela acompanha a "metamorfose pela qual os africanos multitribais se tornaram os nativos daquela área de experiência à qual nos referimos como Novo Mundo" ou o processo de *trans*plantação (como ela o nomeia).[42] Por fim, sigo gestos críticos recentes na estética negra a fim de questionar o modo como o ato de começar pelo "Fim do Mundo" pode lançar uma crítica mais precisa dessa época geológica e de seus registros materiais do ser, liberta da subjetividade liberal rumo a uma geofísica alternativa do ser por meio de um rearranjo da gravidade.

Ao me movimentar na direção da ideia de um bilhão de Antropocenos negros, não estou defendendo que as práticas de conhecimento dos povos indígenas e colonizados sejam mobilizadas como um fora experimental ou como suplemento às práticas ocidentais de conhecimento científico. Em vez disso, quero sugerir, em consonância com Silva,[43] que a raça pode ser considerada fundacional para a produção do Espaço-Mundo-Global e dos regimes geológicos de governança que se manifestam nas práticas da Geologia Branca (ou Antropoceno). Tendo em mente o alerta de Toni Morrison[44] acerca dos "atalhos metafóricos" em relação à Negritude, quando ela encoraja um reconhecimento de uma "linguagem que possa evocar e enfatizar de um modo poderoso os sinais ocultos da superioridade racial, da hegemonia cultural e de formas desdenhosas de transformar povos e linguagens em 'outros'", tratar das histórias de origem não se resume a criar outra opção

41 S. Wynter, *Black Metamorphosis: New Natives in a World* [Metamorfose negra: novos nativos um novo mundo], s. d.

42 Ibid., p. 2.

43 D. F. Silva, *Toward a Global Idea of Race* [Rumo a uma ideia global de raça], 2007.

44 T. Morrison, *Playing in the Dark: Whiteness and the Literary Imagination* [Brincando nas trevas: Branquitude e a imaginação literária], 1992.

ou um alternativo-ceno. Em vez disso, significa estar atenta a quais histórias da terra fornecem uma quebra na análise e nas narrativas das relações materiais e das linguagens descritivas que a colonizaram, e começar a criar histórias que abram espaço para uma práxis voltada à criação de uma geologia insurgente – uma geologia insurgente que seja, parafraseando Brand, inundada de mundo. É aí que a materialidade é usada para estabelecer a presentidade da Negritude como um compromisso com o presente, para se contrapor ao seu apagamento através de uma poesia que se insira na colonialidade como uma contraestética.[45] Com tal objetivo, dirijo-me não à Geologia Branca, mas ao "não evento" do bilhão de Antropocenos negros.

> *É preciso começar.*
> *Começar o quê?*
> *A única coisa no mundo que vale a pena começar:*
> *O Fim do mundo ora essa.*[46]

45 D. Brand, "Writing against Tyranny and toward Liberation" [Escrever contra a tirania e em direção à libertação], *Barnard Center for Research on Women*, 2017b.

46 A. Césaire, *Diário de um retorno ao país natal*. Tradução de Lilian Pestre de Almeida. São Paulo: Edusp, 2021, p. 43.

CAPÍTULO 2

CAVILHAS DE OURO E ORIGENS DÚBIAS

Muito tem sido feito das origens. Todas as origens são arbitrárias. Isso não quer dizer que elas também não se alimentem, mas são essencialmente coercivas e indiferentes.
DIONNE BRAND[1]

A utopia branca era o inferno negro.
SYLVIA WYNTER[2]

1 D. Brand, *Um mapa para a porta do não retorno: notas sobre pertencimento*. Tradução de Jess Oliveira. Rio de Janeiro: A Bolha, 2022.
2 S. Wynter, "Unsettling the Coloniality of Being/Power/Truth/Freedom: Toward the Human, After Man, Its Overrepresentation – An Argument" [Desestabilizando a colonialidade do Ser/Poder/Verdade/Liberdade: Rumo ao humano, em busca do homem, sua hiper-representação – Um argumento], *The New Centennial Review*, 2003.

A FABULAÇÃO DOS INÍCIOS

Enquanto o Antropoceno soa o alarme dos fins humanos-planetários, realiza-se a busca por seus inícios. Para ser estabelecido como uma época, o Antropoceno deve ser vinculado a um ponto de origem que confirme "você está Aqui", na Era dos Humanos. No discurso que permeia o empirismo dos rastros fósseis, mitos fundacionais de como e por que "nós" chegamos até aqui estão sendo instigados. Mas esse "nós" não pode estar imune a quem escreve e mobiliza essa história e às implicações de sua narrativa para aqueles a quem é dada agência para moldar o presente e o futuro. Ainda que a busca pela cavilha de ouro seja uma empreitada disciplinar para mapear geologicamente a relação material de espaço e tempo de acordo com princípios estratigráficos e precedentes científicos, essas cavilhas não são lugares de fato reais; são rastros em mundos materiais que inferem o evento/advento dessa geologia tão política. Neste capítulo, quero chamar atenção ao material interligado e às arquiteturas conceituais da escravidão e da industrialização e seus interlocutores, humanismo e raça, para argumentar que as histórias de origem geológica servem como uma política de identidade que converge em torno de uma noção excludente de humanidade (codificada como branca). Começo examinando a fabulação dos inícios na busca pela cavilha de ouro como prólogo de uma discussão sobre quem é perfurado pela cavilha da geologia (ou qual a cor da carne da geologia?).

A comunidade científica nos oferece três inícios materiais possíveis para o sujeito do Antropoceno: o "intercâmbio" colombiano e o evento da "hipótese Orbis"[3] (1610); a Revolução Indus-

3 Simon Lewis e Mark Maslin, "Defining the Anthropocene" [Definindo o antropoceno], *Nature*, 2015.

trial e o motor a vapor de James Watt (1800); e a "Grande Aceleração" e os isótopos nucleares dos testes de mísseis. Embora adicionadas à tabela cronoestratigráfica apenas de modo informal, o Grupo de Trabalho do Antropoceno (GTA) publicou suas conclusões no 35º Congresso Geológico Internacional, na África do Sul, em 2017, e é provável que se chegue a um acordo em torno de um marco divisório, ou cavilha de ouro, nos próximos anos (embora exista muita discordância acerca do que constitui um marco divisório apropriado).[4] Em outras palavras, embora as origens estruturem o eixo do tempo geológico, elas não estão imunes a gestos narrativos que afetam questões de originação em outros ramos da geografia política. Registros em rocha não estão menos sujeitos à construção do mundo do que tentativas de calcificar origens em projetos de nacionalismo. As origens desenham fronteiras que definem a inclusão e a exclusão, e seu foco é limitado, narrando uma linha de intenção (leia-se Progresso) e de intencionalidade (leia-se Civilização), enquanto ignoram acidentes, desvios ou a geologia oculta de vidas descartáveis, lixo, toxicidade, contaminação, extinção e exaustão. Não existem a geologia de um lado e histórias sobre geologia de outro; em vez disso, há um eixo de poder e de performance que se encontra com esses objetos geológicos e com as narrativas que eles contam sobre a história humana. Indo e vindo entre materialidade e

4 Uma série de eventos alteraram o debate do Antropoceno desde que este livro foi originalmente publicado, em 2018. Mais recentemente, em 2023, o Grupo de Trabalho do Antropoceno apresentou a proposta da data de 1950 como início dessa época geológica, utilizando o lago Crawford, no Canadá, como local candidato a receber a cavilha de ouro que marcaria a transição epocal. O principal marcador dessa transição seriam os resíduos de plutônio dos experimentos nucleares, complementados por uma série de marcadores adicionais. A data de 1950 alinharia a passagem temporal com o fenômeno da Grande Aceleração. No início de 2024, essa proposta foi rejeitada na primeira rodada de votações que seriam necessárias para sua aprovações. A rejeição causou polêmica e mal-estar na comunidade científica devido ao entendimento de que a votação não teve como principal critério o rigor científico. (N.R.T.)

narrativa, as origens do Antropoceno são intensamente políticas na maneira como moldam o mundo do presente e dão forma e raça aos sujeitos que produzem esse mundo.

Este capítulo se concentra nos três momentos de "Antropogênese" sob análise pela Comissão Internacional de Estratigrafia com o intuito de desenterrar esses monumentos. Em outro trabalho, uso o termo Antropogênese[5] para me referir ao modo como a materialidade assume uma posição originária no Antropoceno; origens constituem e unificam o lugar e a vida subjetiva do Antropoceno através de um marcador geológico que anuncia o evento limítrofe de se tornar agente geológico do planeta. O antropocentrismo do Antropoceno é uma prática produtora de mundo, nomeando "1) a produção de um antropo mítico como criador/destruidor geológico de mundos e 2) uma narrativa material e evolucionária que reimagina as origens e os fins humanos em um contexto geológico e não exclusivamente biológico".[6] Nessa ascensão à força geológica, o Antropoceno cria uma gênese planetária que vincula o antropo à criação de uma época, substituindo a agência humana por processos geológicos. Desse modo, a geologia é designada como um modo subjetivo do humano *e* um modelo universal de agência material que inadvertidamente assumiu o controle sobre os processos geológicos. A sedimentação dessa força da geologia na vida subjetiva é tanto material quanto semântica. Como diria Derrida, nada pode ser encontrado no final que já não esteja previsto na origem. As origens configuram e prefiguram a possibilidade de narrativas do presente: o Antropoceno-em-formação. A originação do evento desse acontecimento geológico organiza um espaço material e discursivo que dispõe

5 K. Yusoff, "Anthropogenesis: Origins and Endings in the Anthropocene" [Antropogênese: origens e finais no Antropoceno], *Theory, Culture, and Society*, 2016.
6 Ibid., p.3

relações de poder através da constituição dos inícios e dos fins que reproduzem formações de poder no presente por meio de um relato das materialidades do passado.

Enquanto evento de pontuação mineralógica em processos geológicos, o Antropoceno nomeia um império que ainda não chegou ao fim, e, portanto, qualquer relato da gravidade e do tempo de ação dessa trajetória inclui e reorganiza entendimentos de processos geossociais em andamento. A palavra "origens", portanto, é outro termo para se referir à agência ou a uma trajetória de poder. A geologia é uma zona transacional na qual ideias de origens, subjetividade e matéria estão entrelaçadas, com raízes materialistas históricas que abarcam uma genealogia de desapropriação, deslocamento e extrema violência. Ao se pensar na geologia como uma práxis intensamente extrativista, é necessário questionar aquilo que Eve Tuck e K. Wayne Yang chamam de "movimento [do colonizador] rumo à inocência"[7] nos posicionamentos que afirmam uma consciência recém-descoberta, algo que permeia o discurso antropocênico científico e sociocientífico. Esse é o argumento de que a humanidade não foi capaz de entender as repercussões violentas do colonialismo, da industrialização ou dos modos capitalistas de produção e de que essas violências eram um subproduto imprevisível ou um excedente dessas práticas, e não um pressuposto central delas. Com habilidade, capturando a geomatriz das formações raciais e da desapropriação de terras no colonialismo, W. E. B. Du Bois definiu a Branquitude como a "eterna proprietária da Terra".[8] Levar a sério o futuro do presente composto da Geologia Branca exige que se leve em conta *onde* a violência está localizada nas práticas

7 E. Tuck e K. Wayne Yang, "Decolonization Is Not a Metaphor" [Descolonização não é uma metáfora], *Decolonization: Indigeneity, Education, and Society*, 2012, p. 1.
8 W. E. B. Du Bois, *Darkwater: Voices from within the Veil* [Águas negras: vozes por trás do véu], 1920, p. 54.

geológicas e em seus modos de percepção (enquanto "evento" geológico e marcas subjetivas). A "aula de história" do Antropoceno, na qual a humanidade se depara com a inesperada percepção das dimensões violentas e repressivas do colonialismo e, então, no eclipse da modernidade, situa essas violências totalmente no passado enquanto segue perpetuando-as num presente de contínua ocupação colonial, pode ser vista no seguinte exemplo retirado de Paul Crutzen e Christian Schwäger:

> A fim de gerenciar essa imensa mudança, devemos alterar o modo como nos percebemos e o nosso papel no mundo. Os estudantes ainda aprendem que estamos vivendo no Holoceno, uma era que começou mais ou menos há 12 mil anos, no fim da última Era do Gelo. No entanto, ensinar aos alunos que estamos vivendo no Antropoceno, na Era do Homem, poderia ser de grande ajuda. Em vez de ser mais um sinal da insolência humana, a mudança do nome enfatizaria a enormidade da responsabilidade humana na administração da Terra. Destacaria o *imenso poder de nosso intelecto e de nossa criatividade* e as oportunidades que eles oferecem para moldarmos o futuro. (...) A consciência de que vivemos na *Era do Homem* poderia injetar em nossas sociedades um pouco do tão necessário otimismo ecológico. (...) Com os países mundo afora perseguindo o "*American Way of Life*", *os cidadãos do Ocidente* deveriam redefini-lo – e inaugurar um estilo de vida modesto, renovável, consciente e menos material. (...) *Nós* precisamos também desenvolver habilidades de geoengenharia e nos preparar para os piores cenários. (grifos meus)[9]

9 P. Crutzen e C. Schwäger, "Living in the Anthropocene: Towards a New Global Ethos" [Vivendo no Antropoceno: rumo a um novo ethos global], *Yale Enviroment 360*, 2011.

Essa tentativa de absolver a posicionalidade do conhecimento ocidental colonial e das práticas de extração, ao mesmo tempo reforçando e reinstalando-as em um novo território – uma fronteira ocidental de pioneiros armados de otimismo ecológico e geoengenharia –, indica um desejo de superar a colonialidade sem a correspondente renúncia ao poder que ela continua a gerar em termos de quem pode formular, implementar e falar com e do futuro. Nessa humanidade imaginada, os herdeiros de um "American Way of Life" (ou colonialismo de ocupação branco reprodutivo) estruturam uma linha de cor da agência. A despeito das referências às fronteiras, à modernidade ocidental e aos "cidadãos do Ocidente" como garantidores do intelecto e da criatividade, a virada epocal imaginada, na verdade, restabelece a mesma velha história de dominação, articulada por meio da administração judaico-cristã do império. A presunção colonial de responsabilidade pelo e sobre o mundo é articulada mais uma vez na forma do fardo do homem branco – um paternalismo vinculado à narrativa redentora de salvar o mundo do mal em nome dos outros enquanto segue vestindo a capa grossa e protetora da inocência.

O que Crutzen e Schwäger fazem muito bem é narrar os passos imaginados rumo ao progresso e ao triunfo em condições antropocênicas que já estão ocultas no âmbito dessas formações discursivas. Enquanto o próprio Crutzen observa que "esses efeitos foram em grande medida causados por apenas 25% da população mundial", sua presunção de "responsabilidade" (e, portanto, de agência, na formulação origens = agência) é maldirecionada. Trata-se de um falso evolucionismo que designa um único ponto de experiência a partir do qual a partida rumo ao futuro é projetada. Como bem nos lembra Brand, não existe marco zero na relação; "nunca lhes ocorre que eles vivem da dor acumulada dos outros. Querem iniciar o relógio da justiça social apenas quando chega a vez deles. Mas o indivíduo nasce na história, não nasce no vácuo". Logo após as reivindicações de nomeação, interpretação e descrição, vêm as propostas de soluções e a delimitação dos espaços de poder. Crutzen nos apresenta uma civilização ocidental penitente que, apesar dos evidentes excessos reprimidos em suas formações geológicas – chamadas de Antropoceno –, continua a legar aspirações hegemônicas que negam tanto as repressões subjetivas quanto as múltiplas soberanias que elas representam. As histórias dos *Undercommons*[10] negros e *brown*[11] são distorcidas e convertidas num descuido da civilização, como acontece com os efeitos ambientais do colonialismo e da industrialização, abrindo caminho para um presente que continua a privilegiar os privilegiados. As soluções e propostas são definidas pela continuidade do atual *status quo* de desigualdade, abastecido por outros meios. Nessa narrativa, o Antropoceno é a sobrecarga do homem branco.[v]

MARCADORES MATERIAIS; OU O *QUE* E *QUEM É* MARCADO NAS HISTÓRIAS DE ORIGEM DO ANTROPOCENO

Uma unidade de tempo geológica formal requer o estabelecimento de uma seção e ponto do estratótipo de limite global[12]

10 No livro *Sobcomuns: Planejamento fugitivo e estudo negro*, Fred Moten e Stefano Harney usam o termo *Undercommons* para se referir a grupos e comunidades tradicionalmente excluídos das estruturas de poder que se recusam a reivindicar reconhecimento por parte dessas estruturas, propondo-se, em vez disso, a desmontá-las. (N.T.)

11 F. Moten e S. Harney, *Sobcomuns: Planejamento fugitivo e estudo negro*. Tradução de Mariana Ruggieri, Raquel Parrine, Roger Farias de Melo e Viviane Nogueira. São Paulo: Ubu, 2024.

12 "Seção e ponto do estratótipo de limite global", em inglês "Global boundary stratotype section and point" (GSSP), designa um ponto de referência em uma seção estratigráfica capaz de indicar uma transição de estágio na escala de tempo geológica. (N.R.T.)

ou uma cavilha de ouro nos estratos, além de outros marcadores estratigráficos que indiquem mudanças de longo prazo no sistema terra capazes de delimitar a fronteira. Na qualidade de evento geológico, o Antropoceno é singular uma vez que não apresenta os milhões de anos costumeiros para atingir o desvio geológico e, em vez disso, deve basear-se em escalas de décadas ou séculos. Como evento estratigráfico, o Antropoceno representa uma compressão do tempo geológico. Lewis e Maslin explicam:

> (...) diferentemente de outras designações de unidades geológicas de tempo, é provável que as definições tenham efeitos que vão além da geologia. Por exemplo, definir uma data de início antiga pode, em termos políticos, "normalizar" a mudança ambiental global. Por outro lado, um acordo em torno de uma data de início recente, relacionada à Revolução Industrial, pode, por exemplo, ser usado para atribuir responsabilidade histórica pelas emissões de dióxido de carbono a determinados países ou regiões durante a era industrial. Em termos mais amplos, a definição formal do Antropoceno torna os cientistas árbitros, até certo ponto, do relacionamento humano-ambiente, por si só um ato com consequências para além da geologia.[13]

Ainda que geólogos reconheçam o poder da nomeação na formalização do Antropoceno – "formalização é uma questão complexa porque, diferentemente das subdivisões anteriores do tempo geológico, a potencial utilidade de um Antropoceno

13 S. Lewis e M. Maslin, "Defining the Anthropocene" [Definindo o Antropoceno], *Nature*, p. 171.

formal vai muito além da comunidade geológica"[14] –, a consciência dos riscos sociais vem acompanhada por uma alegação de neutralidade da geologia como prática "pragmática" e "desapaixonada". Waters et al. dizem:

> Temos consciência das narrativas que podem ser construídas em torno do Antropoceno e de como essas narrativas podem ser influenciadas pela escolha dos limites. No entanto, sugerimos que o posicionamento de um limite estratigráfico seja definido de um modo simplesmente pragmático e desapaixonado, da mesma forma que todos os limites estratigráficos anteriores foram escolhidos, de modo a permitir a divisão prática mais eficiente entre o que deveria então se tornar (por definição) os estratos e a história do Antropoceno e do pré-Antropoceno. Essa escolha seria, assim consideramos, a melhor garantia de que uma discussão mais ampla seja fundamentada de maneira sólida na melhor base factual disponível.[15]

Aquilo que é visto como uma dimensão do possível escopo dessa nova geologia política (parte geociência, parte alerta planetário) é logo reconhecido e em seguida desconsiderado, enquanto a geologia é relegada de volta à objetalidade inumana e à linguagem objetiva. A geologia como um modo de pensamento corporificado permanece restrita, incapaz de reconhecer o excesso dessa práxis, seja nas dimensões produtoras de mundo, seja nas produtoras do sujeito.

14 C. N. Waters et al., "The Anthropocene Is Functionally and Stratigraphically Distinct from the Holocene" [O Antropoceno é funcional e estratigraficamente distinto do Holoceno], *Science*, 2016, p. 137.
15 Ibid.

1610

A data mais antiga sugerida na história dos intercâmbios materiais é a tese de 1610,[16] vinculando o início do Antropoceno às invasões europeias das Américas, ou "Novo Mundo", e o dito "intercâmbio" de flora e fauna. Os autores Simon Lewis e Mark Maslin chamam isso de "Colisão do Velho e do Novo Mundo". Vincular o Antropoceno às conquistas explicita a relação colonial, mas como essa ruptura de corpos, carne e mundos acaba sendo soterrada na noção de intercâmbio e contato? Em sua segunda ida ao Novo Mundo (à Dominica moderna), em 1493, Cristóvão Colombo inaugura a primeira viagem transatlântica de escravizados, um carregamento de várias centenas de indivíduos do povo Taino enviados da ilha de São Domingos para a Espanha. Em 1496, ele retorna dessa segunda viagem levando consigo cerca de trinta nativos americanos escravizados. Por volta de 1510, dá-se o início do transporte sistemático de escravizados africanos para o Novo Mundo.

Na época da primeira montagem da peça *A tempestade*, de Shakespeare, em 1611 (um ano após a data de início proposta), as figuras escravizadas de Caliban e Ariel são sujeitos familiares no Velho Mundo. A "colisão do Velho e do Novo" encobre a fricção de um conjunto menos suave e mais corpóreo. Na linguagem do intercâmbio, pode-se pressupor que algo foi dado, em vez de simplesmente tomado. Com esse deslize gramatical, quero abalar a inocência de uma linguagem descritiva que acomete essa lógica desumanizante e mascara suas operações. O "não evento" dessa corporeidade geológica é a própria zona de contato das relações geossociais com a qual o Antropoceno tenta se comunicar, e, no entanto, ele continua a fazê-lo dentro

16 S. Lewis e M. Maslin, op. cit.

do arco narrativo do progresso, que também é uma narrativa das assimetrias da posse colonial (de sujeitos, terras, recursos) e da desapropriação indígena e negra. Esse "intercâmbio" é a violência colonial direcionada da expulsão à força das terras, da escravidão nas *plantations*, na indústria da borracha e nas minas, além da violência indireta dos patógenos através do contato forçado e do estupro.

A invasão instiga a perturbação do pertencimento ecológico e das economias de alimentos viáveis, bem como a introdução da fome e da desnutrição permanentes. É a mutilação da terra, da pessoalidade, da espiritualidade, da sexualidade e da criatividade. "Nenhum contato humano, apenas relações de dominação e submissão."[17] Foi um processo de alienação da geografia, do eu e da possibilidade de relação. Ainda assim, "dessas cabeças humanas, dessas colheitas de orelhas [recolhidas aos montes pelo conde D'Hérrisson], dessas casas incendiadas, dessas invasões góticas, desse sangue que fumega, dessas cidades que evaporam ao fio da espada, não será assim tão facilmente que nos livraremos".[18] Césaire argumenta que a destruição deliberada e o orgulho da desumanização que caracterizaram a conquista colonial não resultaram apenas na carnificina infligida sobre os colonizados, mas também na brutalização do colonizador: "o Ocidente (...) nunca esteve mais distante de ser capaz de arcar com as exigências de um verdadeiro humanismo – o humanismo à altura do mundo".[19] A imposição do colonialismo foi uma poda de sujeitos na geografia e a realocação desses sujeitos em uma categoria da geologia que os recodificou como propriedade

17 A. Césaire, *Textos escolhidos: A tragédia do rei Christophe; Discurso sobre o colonialismo; Discurso sobre a negritude*. Tradução de Sebastião Nascimento. Rio de Janeiro: Cobogó, 2022, p. 171.
18 Ibid., p. 170.
19 Ibid., p. 205.

de modo que possibilidades extraordinárias nas relações com a terra foram exterminadas.

A chegada dos europeus ao Caribe em 1492 e a subsequente colonização das Américas "levaram ao maior deslocamento de população humana dos últimos 13 mil anos" e à mistura de biotas anteriormente separadas, tais como grãos, milho, batatas, cana-de-açúcar, trigo e animais domesticados, como vacas, roedores, cabras e porcos, em novas formações ecológicas e ecologias de *plantation* das Américas.[20] À medida que os europeus invadiam o Caribe, desfigurando e dizimando os indígenas "caraíbas", começaram a usar as ilhas como arquipélago experimental tanto em termos de organização social de categorias humanas *quanto* de arranjos ecológicos de flora e fauna. A invasão dos europeus nas Américas resultou em um gigantesco genocídio da população indígena, levando ao declínio de 54 milhões de pessoas no continente em 1492 para cerca de 6 milhões em 1650, consequência dos assassinatos, da escravidão, da fome e das doenças. Isso levou a uma drástica redução das práticas agrícolas e à regeneração de florestas e, assim, à absorção ou sequestro de carbono pelas florestas, gerando um declínio nos níveis de CO_2 na atmosfera perceptível em análises de núcleos de gelo antártico. Essa "cavilha Orbis" de assassinato sistemático marca o incentivo ao Espaço-Mundial-Global (um entendimento do mundo como entidade global que está aberta à conquista da totalidade de suas relações espacializadas e subjetivas). Os escravizados são codificados aí em paralelo à extração material sob o pretexto de intercâmbio. "Colonização = coisificação",[21] na qual a subjetividade se torna fungível como uma entidade tanto geográfica quanto psíquica e de propriedade. Como projeto

20 S. Lewis e M. Maslin, op. cit.

21 A. Césaire, op. cit., p. 171.

descritivo na gramática da geologia, essa cavilha naturaliza as relações coloniais europeias e suas transformações epistemológicas e ecológicas. O Antropoceno não pode se eximir do inventário do qual ele é feito: das mãos cortadas que mancharam de sangue a borracha, das crianças escravizadas vendidas por quilo de carne, as lâminas afiadas da cana de açúcar, todo os efeitos remanescentes do deslocamento geográfico, espalhando-se pelas gerações diaspóricas. A mudança na gramática não pode deixar de fora a crueldade.

O momento natal de 1610, no entanto, vincula o início do Antropoceno à morte de 50 milhões de indivíduos indígenas (de 80% a 95% da população), à violência sistemática e à escravidão. Essa cavilha de brutalidade, sadismo e morte, aliada à subsequente desapropriação dos povos indígenas de suas terras e aos primórdios da escravidão industrial global, impõe uma inscrição espacial fundacional do colonialismo (e da raça) em um monumento de mudança ambiental global. Inscrito nessa origem do Antropoceno está o que Michael Taussig chama de "espaço da morte".[22] O Antropoceno teve início com a aniquilação do Outro colonial e com uma redescrição epocal da geografia enquanto Espaço-Mundial-Global.[23] Isto é, a fungibilidade da Negritude é contemporânea da fungibiliade dos recursos geológicos (como terra, minerais e depósitos de minérios), baseada na capacidade do colonizador tanto de descrever quanto de operacionalizar o espaço-mundo como uma entidade global.[24] Nessa cavilha, o Outro colonial é deslocado, junta-

22 M. Taussig, *Shamanism, Colonialism, and the Wild Man: A Study in Terror and Healing* [Xamanismo, colonialismo e o homem selvagem: um estudo sobre terror e cura], 1986, p. 4.

23 K. Yusoff, "Epochal Aesthetics" [Estéticas de época], *E-Flux*, 2017a.

24 D. F. Silva, *Toward a Global Idea of Race* [Rumo a uma ideia global de raça], 2007.

mente com as relações ecológicas existentes e as conexões do colonizado com a terra. Uma vez que o Espaço-Mundial-Global é estabelecido pelos colonizadores, o Humano e seus Outros são bifurcados na produção da diferença racial para criar dois mundos, o do colonizador e o do colonizado – ou duas espécies distintas, como diria Fanon. A colonialidade atravessa tanto a carne quanto a terra nas economias de valoração que ela estabeleceu, impondo uma "exclusão incorporante do espaço"[25] aos colonizados enquanto agentes subjetivos e agentes da geografia. O genocídio indígena, sua remoção da terra e escravização são pré-requisitos para que o poder seja operacionalizado na pré-modernidade, um modo como sujeitos são (nos termos de Wynter) "selecionados" ou "desselecionados" da geografia e codificados na posse colonial por meio da desapropriação.

A linha de cor do colonizado não foi uma mera consequência ou um efeito colateral dessas estruturas de poder colonial; foi e é um meio de operacionalizar a extração (portanto a raça deve ser considerada fundacional, não periférica, para a produção dessas estruturas e de um espaço global). Richard Eden, na famosa publicação de 1555 *Decades of the New World*,[26] compara as pessoas do "Novo Mundo" a um pedaço de "papel branco" sobre o qual se pode "pintar e escrever" o que bem entender. O "Prefácio ao Leitor" descreve as pessoas dessas terras como objetos inanimados, tábula rasa, à espera de serem civilizadas pelos europeus:

> (...) esses gentios simplórios sujeitam-se somente às leis da natureza, podem decerto ser comparados a uma tela

25 F. Moten, *A Poetics of the Undercommons* [Uma poética dos sobcomuns], 2016, p. 12.

26 P. M. D'Angheria, *Decades of the New World* [Décadas do Novo Mundo], 1555.

> macia e nua de pintura, ou a um papel branco sem grafias, sobre os quais pode vossa mercê pintar e escrever o que lhe aprouver.

Assim como a terra é convertida em tábula rasa para a inscrição europeia de seus mapas de combate, também os indígenas e africanos se tornam rubricas ou livros-caixa de carne, grafados com gramáticas coloniais.

"METAMORFOSE NEGRA", 1452

Wynter[27] sugere que deveríamos na verdade considerar 1452 como o início do Novo Mundo, quando africanos escravizados são levados para trabalhar nas primeiras fazendas na ilha portuguesa de Madeira, iniciando o complexo "açúcar-escravidão" – uma imensa replantação de ecossistemas e realocação forçada de pessoas (as ecologias existentes não eram imunes à devastação dos novos invasores, desde plantas e animais domesticados até microbiomas e novos regimes geomórficos). Wynter argumenta que a importância do Novo Mundo reside em seus processos duais de "redução do Homem ao Trabalho e da Natureza a Terras, propulsionada pela economia de mercado". Wynter demonstra enfaticamente o modo como o "Homem" aparece como a significação ontológica da Branquitude e como esse homem racional é definido como o ser biologicamente selecionado, estabelecido primeiro através do homem cartesiano e, depois, através do biologismo enquanto sujeito evolucionário avançado no âmbito dos conceitos do tempo geológico. Weheliye chama isso

27 S. Wynter, *Black Metamorphosis: New Natives in a New World* [Metamorfose negra: novos nativos em um novo mundo], s. d.

de "desidentificação, processo no qual a Branquitude conota a humanidade plena, condição apenas adquirida em relação à falta de humanidade na Negritude".[28]

O efeito da criação do par Homem/Branquitude no momento de nascimento da formação heurística "dele" derruba a ideia de humanidade como categoria ontológica fundamentalmente não racializada. Weheliye argumenta: "Na cultura negra, essa categoria se torna uma designação que mostra suas finitudes e exclusões de uma maneira muito clara, desnaturalizando, assim, o 'humano' enquanto formação universal, ao mesmo tempo que o reivindica".[29] Ao reivindicar a humanidade como operação heurística e não como formação ontológica, Wynter assinala a formação histórica do Homem como um sujeito racializado excludente já em sua origem ou, ainda, precisamente por causa da história de suas origens assassinas. Wynter complementa sua elaboração da formação revolucionária do Homem[vi] (e sua representação excessiva) em *Black Metamorphosis* [Metamorfose negra],[30] manuscrito no qual pondera sobre as relações entre terras e território na organização da "humanidade" do Homem Colonial e as geografias de apagamento que a sustentam nessa conquista do espaço.

Wynter argumenta que a invenção da figura do Homem em 1492 enquanto os portugueses viajavam para as Américas instigou ao mesmo tempo "uma *refiguração* do que é o humano"[31]

28 A. Weheliye, "Freenin' Posthuman Voices in Contemporary Black Popular Music" [Libertando vozes pós-humanas na música popular negra contemporânea], *Social Text*, 2002, p. 27.
29 Ibid.
30 S. Wynter, op. cit.
31 D. F. Silva, "Before Man: Sylvia Wynter's Rewriting of the Modern Episteme" [Antes do homem: a reescrita da episteme moderna por Sylvia Wynter] in K. Mckittrick (org.), *Sylvia Wynter: On Being Human as Praxis* [Ser humano como práxis], 2015, p. 93.

na ideia de raça. Essa refiguração dos escravizados traficados para as minas de ouro é parte da linguagem do inumano, na qual a Negritude passa a ser caracterizada por sua forma de contabilidade da matéria, o que, por sua vez, povoa a ideia de raça. Estendendo o argumento de Wynter, o ano de 1492 marca também a inclusão estrutural dos Outros do Homem no léxico geológico do inumano (como matéria e energia) e a exclusão de sua riqueza material, quando o que define o humano passa a ser diferenciado pela objetificação inumana dos sujeitos indígenas e negros. Ainda que Wynter argumente que essa desvalorização da Negritude tenha servido ao propósito material específico do trabalho e da colonização das terras indígenas, há também um passo anterior na identificação dos objetos inumanos que gerou o contexto das "necessidades" desse trabalho e dessa desapropriação. Esvaziar sujeitos também estava contectado com o esvaziamento de uma relação com a terra que era corporificada, organizada e intensificada por essas relações com o lugar; tomar lugares é também privar as pessoas das formas como elas fazem a si mesmas através das geologias específicas de uma terra. O colonialismo realizou múltiplas formas de perturbação geológica além das formas mais óbvias de desapropriação extrativista.

Wynter insiste que a revalorização da vida negra e a resistência à desumanização só podiam acontecer através da "criação de uma contracultura por meio da transplantação de suas velhas culturas para um solo estranho, da reinvenção em condições novas e exóticas. Era nessa transplantação, nessa metamorfose de uma velha cultura em uma nova, que os negros se faziam nativos de uma nova terra".[32] Isso também envolvia a

32 S. Wynter, op. cit., p. 46-47.

> transplantação de uma relação tradicional com a natureza, uma relação sob cuja inspiração o escravizado, uma vez no exílio, tanto se adaptava à natureza quanto a transformava. Nesse tipo de relação, a *terra* (isto é, parte da Natureza) não podia ser considerada mera mercadoria na relação-terra-trabalho-capital. A terra do Novo Mundo, assim como a terra da África, ainda era vista como a terra – o meio comunal de produção. Essa atitude, transferida e perpetuada, era a configuração central de muitas crenças antigas que podiam ser retraduzidas na nova realidade.[33]

Descrições da vida de escravizados na Jamaica no século XVII feitas pelo clérigo inglês Reverendo John Taylor enfatizam a "grande veneração" que os escravizados tinham "pela Terra". Talvez seja justamente pelo fato das terras e do trabalho serem considerados propriedade privada que a terra tenha se tornado uma fonte de possível libertação da prisão literal daquele encarceramento numa relação de propriedade.

Na luta contra as formas de relação de posse com o inumano, desenvolveram-se diversas intimidades com a terra. Wynter discute a importância, na replantação feita pelos escravizados, do lote de terra que lhes era concedido para que plantassem seu alimento. Diz ela:

> Para o escravizado, o lote de terra era o espaço para escapar da *plantation*, um espaço de experiência que reinventava e, portanto, perpetuava uma visão de mundo alternativa, uma consciência alternativa à da *plantation*. Essa visão de mundo era *marginalizada* pela *plantation*, mas nunca destruída. No âmbito do lote de terra, o escravizado vivia

33 S. Wynter, op. cit., p. 47.

> numa sociedade em parte criada como um adjunto do mercado, em parte como um fim em si mesma.[34]

Ainda que o cultivo de alimentos fosse um requerimento básico para a reprodução da força de trabalho para a *plantation*, também se tornou parte da reprodução de poderes culturais numa nova terra, a fim de estabelecer uma relação menos alienada com ela: "que eu me compreenda entre latitude e longitude".[35] A relação do escravizado com o lote de terra era uma relação com uma terra contingente, uma relação material forjada na resistência à desumanização do colonialismo que inaugurou uma geografia carcerária.

A terra, em suas formas simbólicas e não abstratas (como um conhecimento sobre a sobrevivência na marronagem, práticas cotidianas de cultivo e criação de plantas e animais úteis e de navegação), era um aspecto crucial nas revoltas de escravizados. Wynter argumenta que "a escravidão negra no Caribe era sinônimo de revolta negra contra a escravidão. E essas revoltas seriam cruciais para o processo de indigenização".[36] A marronagem se torna a prática de resistência cultural à escravidão. As montanhas selvagens e a vida no interior também eram uma parte bem-sucedida, argumenta Wynter, da replantação na nova terra e do confronto com suas condições geográficas desconhecidas. Ela discute longamente os juramentos à terra que eram proferidos antes das rebeliões e como eles se dirigiam aos ancestrais replantados numa nova terra – e que esses juramentos não podiam ser quebrados a despeito da tortura horrenda imposta aos capturados, num contexto em que "a propriedade que havia se rebelado,

34 S. Wynter, op. cit., p. 53.

35 A. Césaire, *Diário de um retorno ao país natal*. Tradução de Lilian Pestre de Almeida. São Paulo: Edusp, 2021, p. 41.

36 S. Wynter, op. cit., p. 71.

afirmando assim seu status de humano, deveria ser queimada (isto é, torturada) como uma demonstração de 'terror' para as outras 'propriedades' que talvez quisessem afirmar seu status de humano".[37] Beijar a terra antes das rebeliões era um gesto-juramento que mantinha um contrato social com a terra, não raro até a morte.[38] Wynter defende que essa "indigenização"[vii] era uma maneira de pensar e apreender a realidade material da escravidão através de um replantio dinâmico de raízes (ou "transplantação", em seus termos) num contexto exótico: "esse é o processo de resistência cultural negra e uma reação à Passagem do Meio[39] e ao que havia no outro lado – a realidade alienada de um Novo Mundo, novo não apenas em sua geografia, mas também em sua experiência radicalmente diferente".[40] Desestabilizar a gramática do inumano articulada através das genealogias de raça criadas entre os séculos XIII e XIX e plantar suas raízes através da marronagem e do cultivo estabeleciam um parentesco com a terra, criado no contexto da alienação natal.

No caminho da totalidade da alienação, a façanha no Haiti foi fincar raízes num solo "estrangeiro", e "tomar o solo para si"[41] de maneiras que não tinham sido previstas na noção de território sob o colonialismo. Como disse Price-Mars (citado em Wynter), o planeta, não o humanismo, tornou-se a esfera de reconhecimento para a Revolução Haitiana; "nossa presença num ponto daquele arquipélago americano que 'humanizamos',

37 S. Wynter, op. cit., p. 79.
38 Ibid., p. 81-83.
39 A travessia do Atlântico a que eram submetidos os indivíduos escravizados; a "Passagem do Meio" une a primeira passagem (da terra natal em várias partes da África até os portos de comércio de escravizados) à última (dos portos de desembarque nas Américas até as fazendas e minas). (N.T.)
40 S. Wynter, op. cit., p. 7.
41 Ibid., p. 17.

a fissura que abrimos no processo de eventos históricos para tomar nosso lugar entre os homens", era digna de estudo, uma façanha singular que poderia ser situada "no âmbito da vida humana comum no planeta".[42] Tal ruptura no tecido da codificação colonial do espaço e da pessoalidade foi uma retomada extraordinária tanto da liberdade quanto da expressão geográfica. Para Wynter, uma vez que "as necessidades produzem poderes assim como poderes produzem necessidades", a reação à alienação desumanizante foi "*criar* o novo vocabulário da nova existência".[43] Wynter argumenta que a alienação é um conceito inerentemente dinâmico que implica mudança, "uma consciência de ser alienado". Para Price-Mars, o estudo do folclore do Haiti foi um estudo da transplantação, em que a indigeneidade se funde ao espaço de luta, no que é essencialmente um processo geográfico, baseado no solo, de reenraizamento e aprendizado de novas formas de se plantar na terra. "O Haiti, onde a Negritude se ergueu pela primeira vez e disse acreditar na própria humanidade".[44] Wynter chama esse processo de "metamorfose cultural", mas é também uma metamorfose geológica vínculada ao lugar, ao espaço e ao solo da luta.

Ainda que os proprietários de escravos tenham tentado esvaziar seus sujeitos, convertendo-os em objetos inumanos, Wynter sustenta que a cultura negra foi criativa porque teve de superar seu status de propriedade para encontrar outros meios de revalorização. Escravizados eram comercializados tanto como propriedade quanto por equivalência padrão (trocados por certa quantidade de ouro) e "Mercadorias nativas – ouro, escravizados, pimenta, marfim, tecidos nativos, couro, gado e painço – eram

42 S. Wynter, op. cit., p. 17.

43 Price-Mars apud S. Wynter, *Black Metamorphosis*: *New Natives in a New Land* [Metamorfose negra: novos nativos em um novo mundo], s. d., p. 18.

44 A. Césaire, op. cit., p. 22-33.

usadas como padrão. Alguns bens estáveis europeus, como barras de ferro, cobre e tecidos, eram usados", e desse modo o escravizado passou a estar confinado na "metamorfose de entidade humana em entidade de mercado".[45] A revalorização, assim, exigia uma desestabilização das relações de produção no âmbito da estética e dos sentidos:

> em outras palavras, as cerimônias de juramento e as revoltas subsequentes eram ao mesmo tempo uma forma de práxis e uma atividade teórica abstrata. Nenhuma podia ser separada da outra. A teoria só existia na práxis; a práxis era inseparável da teoria.[46]

A experiência corporificada de poder localizada na terra era a base do conhecimento e da afirmação de um mundo ou planetariedade mais exorbitante. A articulação da resistência não é um apelo romântico, mas uma reorientação estrutural para as fissuras do colonialismo e suas formações geossociais, realizada através da interarticulação do inumano nas fendas das formas de posse.[47] Essa revalorização ou reconstrução de valor retira o caráter universal do efeito da linguagem do inumano. No Novo Mundo selvagem, o intercâmbio era de terror, escravidão, subjugação, execuções bárbaras, desfiguramento e prazeres sádicos. Ou seja, não havia intercâmbio; havia replantação e resistência na práxis do humano através de uma relação com a terra.

45 S. Wynter, op. cit., p. 17.
46 Ibid., p. 139.
47 Carole B. Davies, "From Masquerade to Maskarade: Caribbean Cultural Resistance and Rehumanizing Project" [De *masquerade* a *maskarade*: a resistência cultural caribenha e o projeto de reumanização], in K. Mckittrick, *Sylvia Wynter: On Being Human as Praxis* [Ser humano como práxis], 2015.

1800

O momento natal da Revolução Industrial de 1800, primeiro sugerido por Crutzen e preferido por cientistas sociais, situa a origem do Antropoceno nos métodos capitalistas de produção econômica e ecológica, especificamente em suas formas de trabalho e inovações tecnológicas. Esse é o conto do empreendedorismo de alguns homens brancos transformando o mundo com suas invenções engenhosas ou de uma economia política agressivamente afixada aos processos da terra via força vital dos combustíveis fósseis. Assim, o explorador herói (Colombo) é substituído pelo inventor herói (Watt e seu motor) na narrativa de progresso do Homem como principal agente e autoridade de poder, salpicado com um pouco do mito da genialidade europeia a fim de refinar o sujeito masculino branco e seu intelectualismo imperial.

Sem qualquer surpresa, o Capitaloceno, como foi rapidamente apelidado, se tornou alvo de inúmeras investigações sobre os "novos" metabolismos entre tecnologia e matéria propiciados pela combinação de combustíveis fósseis, novos motores e o mundo convertido em mercado. Ele situou o Antropoceno de volta na Europa, na Grã-Bretanha, e reivindicou a história do planeta a partir desse ponto de originação. O caráter revolucionário da industrialização, como uma rua de mão única transformadora da produção de formas de mercadorias e de concentrações cada vez mais altas de CO_2 na atmosfera, solidificou-se em narrativas como o novo "pai" da força geológica. O que a proliferação do discurso do Antropoceno em torno da industrialização, da qual não tratarei em maiores detalhes neste trabalho, de fato indica é que o Antropoceno não se reduz à mudança climática antropogênica ou a um imaginário de carbono ou capitalista (ou ao capitalismo como imaginário de carbono). Conforme alerta Povinelli,[48] o imaginário do carbono nos amarra a uma representação muito particular da vida e da morte no liberalismo tardio, baseada na governança da vida através da combinação da diferença entre a existência geológica e a biológica.[49] É importante observar a racialização de epistemologias da vida e não vida nesse ponto, em particular o modo como esse biocentrismo (de acordo com Wynter) dá prioridade a uma biopolítica branca. Como argumenta Povinelli, os imaginários de carbono são um lugar de reprodução social na política do conhecimento – uma política que ativamente situa os povos indígenas do lado de fora de seu escopo paradigmático.

Ainda que as formas capitalistas de mercadoria e suas relações de propriedade tenham, sem dúvida, transformado a atmosfera com a produção de gases de efeito estufa através da queima de vastas quantidades de carvão, a criação de um outro tipo de clima já havia estabelecido suas formas proeminentes nas minas e nas *plantations*. Prestando atenção à pré-história do capital e ao *seu* trabalho corporal, tanto no âmbito das culturas de carvão quanto nas *plantations* que literalmente punham "açúcar na xícara" (como canta Nina Simone), naqueles trabalhadores braçais forjando as conversões materiais da revolução, vê-se que a energia muscular da escravidão e o capitalismo convergem. Os novos modos de acúmulo e de produção material da Revolução Industrial são relacionais e dependentes de suas formas *pré*-produtivas na escravidão e em sua organização da propriedade humana na forma de propriedades energéticas

48 E. A. Povinelli, *Geontologias: Um réquiem para o liberalismo tardio*. Tradução de Mariana Ruggieri. São Paulo: Ubu, 2023.

49 K. Yusoff, "The Anthropocene and Geographies of Geopower" [O Antropoceno e as geografias do geopoder] in M. Coleman e J. Agnew (org.). *Geographies of Power* [Geografias do poder], 2018.

passíveis de extração. Wynter argumenta que o racismo inerente à construção da Europa foi uma parte complexa do aparato por meio do qual o capitalismo ocidental (e, *ipso facto*, a civilização ocidental) realizou seu imperativo extrativista e que o capitalismo global não pode ser compreendido sem que se analise a escravidão em larga escala de negros fora da África. No lugar da ideia de que a escravidão é anterior às formas capitalistas de trabalho, Wynter defende que a inter-relação do poder do trabalho escravo e do poder do trabalho livre na produção de açúcar significava que

> a *plantation* era uma parte intrínseca e funcional de um sistema capitalista que consistia em um modo de produção baseado em trabalho livre assalariado coexistindo e dependendo de um modo de produção baseado em trabalho escravo. (...) O modo de produção da *plantation* não era, portanto, uma anomalia no âmbito do sistema capitalista, era intrínseco ao sistema.[50]

Conforme argumenta C. L. R. James, em *Black Jacobins*,[51] a imensa fortuna oriunda do tráfico de escravizados e das *plantations* de cana-de-açúcar do Haiti enriqueceu a burguesia a tal ponto que eles se tornaram poderosos o suficiente para desencadear a Revolução Francesa:

> Em outras palavras, tanto a hegemonia da burguesia ocidental quanto a do capitalismo estavam em sua origem baseadas principalmente nas terras do Novo Mundo, no

50 S. Wynter, op. cit., p. 106.
51 C. L. R. James, *Os jacobinos negros*. Tradução de Afonso Teixeira Filho. São Paulo: Boitempo, 2000.

> trabalho forçado indígena e na conversão do homem – do homem negro – em uma mercadoria. A posterior desumanização em larga escala do proletariado europeu *se seguiu,* e *não precedeu,* à completa negação do negro como ser humano. O capitalismo enquanto sistema, portanto, necessitava da negação do negro como ser humano. Longe de ser uma anomalia no sistema capitalista racional, a escravidão negra era racionalmente central para o capitalismo enquanto sistema.[52]

Em um nível material, o projeto *Legacies of British Slave-Ownership*,[53] de Catherine Hall et al., torna visível a cumplicidade em termos de estruturas de escravidão e industrialização que organizou de antemão as categorias de desapropriação que já estão em ação e constituem historicamente os termos do encontro racializado do Antropoceno. Em 1833, o Parlamento finalmente aboliu a escravidão no Caribe Britânico, e a indenização de 20 milhões de libras paga pelos contribuintes como "compensação" construiu as infraestruturas materiais, geofísicas (estradas de ferro, minas, fábricas) e imperiais da Grã-Bretanha e seu império e empreendimentos coloniais. Conforme o projeto demonstra empiricamente, esses legados da escravidão colonial continuam a moldar a Grã-Bretanha contemporânea. Uma proporção significativa de fundos foi investida no sistema de estradas de ferro conectando Londres a Birmingham (lar da produção algodoeira e da fabricação de armas para as *plantations*), Cambridge a Oxford e País de Gales às Terras Médias (por causa do carvão). As companhias de

52 S. Wynter, op. cit., p. 45-46, grifo no original.
53 C. Hall, *Legacies of British Slave-Ownership: Colonial Slavery and the Formation of Victorian Britain* [Legados da escravatura britânica: escravidão colonial e a formação da Grã-Bretanha vitoriana], 2014.

seguro floresceram e foram feitos investimentos, por exemplo, na Great Western Cotton Company e em comerciantes de algodão, bem como em grandes companhias localizadas em terras coloniais no Canadá (Canada Land Company) e na Austrália (Van Diemen's Land Company) e num grande número de comerciantes coloniais. Investimentos foram feitos no desenvolvimento de tecnologias de metal e mineralógicas: Tyne Iron Co. Iron Works, Llynvi Iron Works, Dalnotter Iron Co., New Shotts Iron Co., Ynyscedwyn Iron Co., J. J. Cordes, a Smithfield Company, Bristol Brass Wire and Copper Co., Pendleton Colliery, empresa de carvão, ferro e mármore Thomas Whitby & Co., empresa de carvão Castles and Rudgeway, Arigna Iron and Coal Mining Co., Company for the Working of Mines, Minerals and Metals, Port Philip and Colonial Gold Mining Co., Potosi La Paz and Peruvian Mining Association, Annotto Bay Mining Association, Alpujarras Lead Co. e Trinidad Petroleum Co. Outros fundos foram reinvestidos em *plantations* caribenhas, comerciantes de açúcar e refinarias, comerciantes de fumo e no comércio das Antilhas e da Dominica. Do ponto de vista contábil, os benefícios financeiros do fim da escravidão remodelaram o mundo a fim de fornecer as *pré*-condições materiais para a Revolução Industrial e para a metamorfose das formas capitalistas. Conforme evidencia o projeto *Legacies* e defende Silva,[54] se prestarmos atenção à refiguração da mercadoria na análise da expropriação colonial, "contra a visão convencional que situa a escravidão na pré-história do capital", pode-se construir o argumento neste caso de que o valor total produzido pelo trabalho escravo continua sustentando o capital global por meio do acúmulo e heranças.

54 D. F. Silva, "Toward a Black Feminist Poethics" [Rumo a uma poética feminista negra], *The Black Scholar*, 2014, p. 2.

Nessa contabilidade do investimento e na materialização da industrialização e do império, reside uma história invisível e não registrada, oculta na sintaxe da escravidão que antecipa e reinscreve todas essas relações da globalização do capital.

O nexo escravidão-açúcar-carvão tanto enriqueceu consideravelmente a Grã-Bretanha quanto possibilitou sua transição à condição de potência colonial industrializada (desencadeando um imenso aumento na população britânica que tem correspondência direta com a produção de açúcar e carvão). Conforme Marx observou ironicamente, "a descoberta das terras auríferas e argentíferas na América, o extermínio, a escravização e o soterramento da população nativa (...) a transformação da África numa reserva para a caça comercial de peles-negras caracterizam a aurora da era da produção capitalista".[55] O tráfico de escravizados, argumentava ele, foi parte do acúmulo primitivo de capital que precedeu e deu forma às condições econômicas (e instituições, tais como as indústrias de seguro e financiamento) para a industrialização. Escravidão e industrialização estavam atadas uma à outra pelas várias sobrevidas da escravidão na forma da servidão por contrato e do trabalho prisional, práticas que continuaram a enriquecer as novas potências industriais emergentes tanto nas *plantations* do Caribe quanto no Sul dos Estados Unidos no período anterior à Guerra Civil. A maior parte dos escravizados afro-americanos "livres" trabalhava nas minas de carvão, no que Blackman[56] chamou de uso corporativo da força negra ou de nova "escravidão industrial". As empresas Alabama Iron Ore e Tennessee Coal and Iron eram as que mais utilizavam trabalho

55 K. Marx, *O capital*. Tradução de Rubens Enderle, Celso Naoto Kashiura Jr. e Márcio Bilharinho Naves. São Paulo: Boitempo, 2013, p. 821.
56 Douglas Blackman, *Slavery by Another Name* [Escravidão por outro nome], 2008.

de prisioneiros, alimentando as minas de carvão da U.S. Steel Corporation, que construiu o país. Blackman aponta que a maior parte do trabalho escravizado nas minas dos Estados Unidos ocorreu após a abolição da escravidão, em 1865, e sobretudo alimentou a industrialização do país. O trabalho de prisioneiros acorrentados – a punição carcerária que acorrentava prisioneiros em fila montando os trilhos das ferrovias – "por aqui quebrando pedras e seguindo com os prisioneiros acorrentados" (Nina Simone, "Work Song", 1966) – é a continuidade carcerária produzida após o final das *plantations* (ou o "não evento" da emancipação). Conforme elabora Marx, "a escravidão disfarçada dos assalariados na Europa necessitava, como pedestal, da escravidão *sans phrase* do Novo Mundo. (...) o capital nasce escorrendo sangue e lama por todos os poros, da cabeça aos pés".[57] Pode-se afirmar que a circunscrição racial da escravidão precede e prepara o terreno material para a Europa e as Américas em termos da construção *tanto* da nação *quanto* do império – e continua a sustentá-lo.

ANOS 1950

Ainda que a documentação do sinal bioestratigráfico da colonização das Américas permaneça incompleta de acordo com o GTA, o marcador estratigráfico preferido por muitos autores, graças a seu sinal extenso e globalmente síncrono, é o radioisótopo nuclear oriundo da precipitação radioativa gerada pelos testes de armas nucleares. De acordo com o GTA, o resíduo geoquímico do dispositivo atômico usado na Experiência Trinity, em Alamogordo, no Novo México, detonado em 16 de julho de 1945, é o início da

57 K. Marx, op. cit., p. 829-830.

Era Estratigráfica Padrão Global.[58] O plutônio (Pu-239, Pu-240) é sugerido como um bom indicador devido à sua capacidade de ser absorvido pelo barro e por compostos orgânicos em sedimentos marinhos e por causa de seu conjunto de radionuclídeos em grande parte artificiais, com uma vida média de 24.110 anos, detectáveis em depósitos sedimentares por cerca de 100 mil anos no futuro.[59] Contudo, conforme nos lembra Elizabeth DeLoughrey, não é apenas o meio ambiente que carrega o traço desses "testes"; "o corpo de cada ser humano do planeta hoje contém estrôncio-90, um subproduto, feito pelo homem, das detonações nucleares, e cientistas forenses usam traços de carbono radioativo militarizado em nossos dentes para datar restos humanos (como anteriores ou posteriores ao teste da bomba termonuclear *Bravo*, em 1954)".[60] O vestígio nuclear estratigráfico marcaria os eventos mais geologicamente dispersos da "Grande Aceleração" dos anos 1950, com suas conversões materiais de combustíveis fósseis; a disseminação mundo afora de carbono negro, partículas carbonáceas inorgânicas e esféricas; novos compostos geoquímicos de hidrocarbonetos poliaromáticos, bifenilas policloradas e resíduos de pesticidas; a duplicação de nitrogênio e fósforo no solo devido ao processo Haber Bosch de produção artificial de fertilizante de nitrogênio; e a difusão de novos materiais, tais como alumínio, concreto, plásticos e fibras sintéticas. Essa gama de transformações materiais e novas evoluções minerais alterou o equilíbrio de

58 J. Zalasiewicz et al., "When Did the Anthropocene Begin? A Mid-Twentieth Century Boundary Level is Stratigraphically Optimal" [Quando o Antropoceno começou? Um nível de limite no meio do século XX é estratigraficamente ótimo], *Quaternary International*, 2015.
59 C. N. Waters et al., "The Anthropocene Is Functionally and Stratigraphically Distinct from the Holocene" [O Antropoceno é funcional e estratigraficamente distinto do Holoceno], *Science*, 2016.
60 E. DeLoughrey, "The Myth of Isolates: Ecosystem Ecologies in the Nuclear Pacific" [O mito dos isolados: ecologias sistêmicas no Pacífico nuclear], *Cultural Geographies*, 2013, p. 179.

materiais geoquímicos na superfície da terra assim como introduziu novas substâncias e forças geológicas à mistura planetária.

2053,[viii] do artista japonês Isao Hashimoto, registra numa série de bipes e flashes um mapa em lapso temporal das explosões nucleares que ocorreram entre 1945 e 1998, indicando que o teste dessas armas não tem direitos exclusivos sobre nenhum domínio; ele transborda, acumula e aparentemente desaparece, enquanto reorganiza as exposições aos efeitos ambientais. Esses bipes e flashes, no entanto, têm uma influência mais intensa sobre populações negras e indígenas. O teste nuclear marca o deslocamento e a exposição de povos indígenas nas ilhas do Pacífico e o contato com a radiação de povos indígenas e aborígenes na América do Norte e na Austrália. Muitos ilhéus do Pacífico foram transferidos e removidos durante os testes nucleares estadunidenses. O atol de Bikini, por exemplo, foi submetido a trinta anos de explosões nucleares, período em que os ilhéus foram transferidos para ilhas diferentes (para Rongerik e, depois, para Kwajalein). Os ilhéus nos atóis estavam próximos à precipitação nuclear, foram expostos a cinza radioativa e se mudaram para ilhas desabitadas, onde "chupavam pedras" para espantar a fome; a inanição era comum. Muitos retornaram para a ilha de Bikini, apesar da contaminação dos recursos hídricos e dos alimentos, uma vez que as ilhas desabitadas para onde haviam se mudado não eram desabitadas por acaso. Ilhéus de Rongelap e Utrok expostos aos efeitos da detonação da Bravo (seis ilhas foram destruídas e catorze se tornaram inabitáveis) foram submetidos à radiação imediata das explosões e sofreram queimaduras visíveis, o que resultou em legados epidemiológicos imediatos e de longo prazo e em tóxicas intimidades com a leucemia, neoplasmas e cânceres da tireoide. O pó branco da poeira de corais irradiada que caiu sobre os atóis era perigosamente radioativo. Por não reconhecerem essa nova substância, crianças brincaram nela. Como diz um poema de 1964 do poeta maori Hone Tuwhare, era um "sol nada comum". A precipitação radioativa cobriu os corpos dos marshalleses, o solo, as árvores, a fruta-pão, os cocos, os caranguejos, os peixes e a água. Esse colonialismo nuclear fundiu areia termonuclear e ar, água e solo envenenados, espalhando elementos radioativos como estrôncio, césio e iodo por estratos da terra e nos ossos de corpos indígenas.

Depois da Bravo, os militares estadunidenses esperaram 72 horas para recolher os indivíduos que haviam sido expostos aos efeitos da explosão e transportá-los para o atol de Kwajalein (onde estava localizada a base dos Estados Unidos) para exames médicos. Os 236 marshalleses foram despidos e borrifados antes de embarcar. Na base militar, foram tratados como cobaias dos efeitos da radiação. A detonação da Bravo instigou os experimentos com humanos no Projeto 4.1,[ix] um estudo secreto da Comissão de Energia Atômica dos Estados Unidos (AEC, na sigla em inglês), que foi planejado e autorizado enquanto os marshalleses eram tratados em Kwajalein e que continuou a monitorar os efeitos da radiação na população humana durante anos. Os marshalleses foram submetidos a exames médicos não consentidos, e "uma variedade de selvagens felizes e amenos" (como nos informa o cientista no filme promocional da AEC) foi levada até Chicago para exames, como se fossem espécimes de um experimento em um zoológico humano, vestindo ternos "que tiveram de devolver ao governo dos Estados Unidos, no Havaí".[x] Spillers sugere (a respeito da prática de experimentos médicos realizados com negros doentes e da "atomização" lucrativa de partes adoecidas do corpo) que "os procedimentos adotados para a carne em cativeiro demarcam uma objetificação total, uma vez que toda comunidade em cativeiro se transforma num laboratório vivo".[61] Mulheres deram à luz o que chamaram de "bebês água-viva", por causa da pele translúcida e dos ossos amolecidos ou ausentes. Houve muitos distúrbios congênitos e abortos espontâneos. Os "cânceres marshalleses" estiveram entre os mais prevalentes do mundo. O filme *Operation Castle* [*Operação Castelo*], da AEC, narra:

> Essas ilhas, que funcionaram como coletoras acidentais de uma precipitação radioativa completa, nos deram as primeiras pistas concretas da vasta área afetada pela contaminação gerada a partir de uma detonação de alto rendimento na superfície.[62]

Ilhéus foram levados de volta quando era sabido que a ilha apresentava altos índices de contaminação com o propósito de estudá-los na qualidade de "coletores" da precipitação radioativa das bombas nucleares. Como elucida Spillers, a gramática de contenção na Negritude foi uma categoria mobilizada para obscurecer e subjugar o humano nesses experimentos humanos:

> As especificações anatômicas de ruptura, de tecido humano alterado, assumem a descrição objetiva da prosa laboratorial. (...) Essas marcas indecifráveis sobre o corpo em cativeiro representam um tipo de hieróglifo da carne cujas graves fragmentações são ocultadas para o olhar cultural pela cor da pele.[63]

61 H. J. Spillers; Hortense J. *Black, White and in Colour* [Preto, branco e colorido], 2003, p. 208.
62 E. DeLoughrey, op. cit., p. 171.
63 H. J. Spillers, op. cit., p. 207.

Esse colonialismo nuclear no Pacífico e nas Ilhas Marshall usou um estrato de corpos *brown* para mitigar e absorver seus choques geoquímicos.

As geografias dos territórios coloniais foram lugares e sujeitos fundamentais para a performance da militarização e do desenvolvimento científico ("teste" nuclear não existe). Conforme argumenta DeLoughrey,

> Os colonizadores ocidentais havia muito tempo tinham incluído as ilhas tropicais nos espaços controlados de um laboratório, o que equivale a uma supressão da história da ilha e da presença indígena. Essa geração de ecologistas da AEC abraçou os testes nucleares como uma nova oportunidade de estudar todo um ecossistema através dos vestígios da radiação. (...) Um império estadunidense de ilhas tropicais, circulando o globo do Pacífico ao Caribe, tornou-se um espaço estratégico para experimentos militares e produção de novas epistemologias científicas, como a teoria do ecossistema.[64]

Por exemplo, a Grã-Bretanha detonou sete testes nucleares e 700 subtestes[xi] na terra aborígene Maralinga Tjaruta, no sul da Austrália, lar dos povos Pitjantjatjara e Yankunytjatjara, em 1956 e 1963. Muitos foram realocados à força em Yalata, mas várias tentativas de restringir o acesso a Maralinga falharam em virtude dos fortes vínculos com o campo, gerando exposição à contaminação nuclear. O primeiro teste francês, *Gerboise Bleue*, foi conduzido em fevereiro de 1960, no contexto da guerra da Argélia (1954-1962). Entre 1960 e 1996, a França conduziu 210 testes nucleares, 17 no Saara Argelino e 193 na

64 E. DeLoughrey, op. cit., p. 172.

Polinésia Francesa, no Pacífico Sul, causando vastas áreas de precipitação radioativa na Polinésia. Em uma reviravolta do Antropoceno, essas mesmas ilhas da Polinésia e as Ilhas Marshall estão agora sujeitas ao aumento do nível dos mares devido às alterações climáticas. O fóssil antropocênico do repositório de lixo nas Ilhas Marshall, o domo nuclear "Runit", com parede de cimento Portland de 46cm de espessura, que abriga o material radioativo de Bikini e outras ilhas (a partir de 1948, houve um total de 42 testes somente no atol Enewetak), está vazando material radioativo, causando migração de radionuclídeos para o ambiente marinho. O aumento dos níveis do mar e a intensificação das tempestades ameaçam afundar as ilhas e seus estratos nucleares.

O marcador nuclear celebra certo período de militarização e sua disseminação global, assim como afasta os impactos e a responsabilidade por esses atos, vinculando-os à Guerra Fria e às preocupações geopolíticas do "passado." A relação dialógica entre essa cavilha de ouro e a política do evento é truncada, uma vez que é associada ao evento da bomba atômica e suas façanhas tecnológicas, não aos efeitos sobre os povos e os ecossistemas do Pacífico ou ao colonialismo nuclear mais amplo, com seus presentes persistentes na forma do lixo nuclear. Canadá e Austrália, por exemplo, enquanto Estados definidos por seu colonialismo de ocupação, são os maiores mineradores extraterritoriais e estão envolvidos no descarte e no depósito de lixo nuclear em terra indígena, quase sempre em conflito com reivindicações de direitos indígenas e aproveitando-se do empobrecimento econômico. O descarte de resíduos mobiliza uma nova ideologia da fronteira, ao designar zonas de sacrifício dentro e além de fronteiras nacionais que agregam perigos ambientais à antinegritude.

ARQUIVOS TERRESTRES, SUJEITOS GEOLÓGICOS E A RAÇA DOS ESTRATOS

A contínua delimitação ou marcação de territórios indígenas e da carne intergeracional de populações indígenas através da exposição ao lixo ambiental – o chamado racismo ambiental – desencadeia a necessidade de expandir o texto "Descolonizando o conhecimento e a questão do arquivo",[xii] de Achille Mbembe, a fim de explorar o papel dos arquivos da terra como depósitos materiais que mantêm uma relação colonial através das indústrias extrativistas e de resíduos, em particular através das violências conjuntas das práticas de extração e seus legados atuais de toxicidade.[65] Nas minas de prata do Novo Mundo da América do Sul, por exemplo, onde até 136 mil toneladas métricas de prata foram produzidas entre 1500 e 1800 (80% da produção global), africanos escravizados (estimados em cerca de 4 milhões) foram obrigados a trabalhar em minas, substituindo indígenas escravizados, porque eram considerados trabalhadores mais eficientes e mais imunes a doenças como varíola e tifo. Os registros da escravidão espanhola mostram que os africanos eram considerados essenciais na operação das minas e eram usados para extrair imensas riquezas, em particular da montanha de Potosí (que recebeu investimento adicional depois da indenização pelo fim da escravidão britânica, em 1833), onde a vida "útil" média de um mineiro variava de seis a oito anos (nas *plantations* de cana-de-açúcar do Sul, variava de oito a dez). Estima-se que cerca de 8 milhões podem ter morrido em decorrência de acidentes nas minas, doenças pulmonares causadas pela poeira

65 A. J. Bebbington e J. T. Bury, "Institutional Challenges for Mining and Sustainability in Peru" [Desafios institucionais para a mineração e a sustentabilidade no Peru], *PNAS*, 2013.

mineral e contaminação pelo mercúrio usado no processamento da prata. Nicholas Robbins[66] postula que houve um genocídio duplo: a invasão inicial do Novo Mundo e seu impacto no povo indígena, seguidos de uma segunda onda de genocídio por meio da mineração da prata e das sobrevidas da poluição de mercúrio no solo, nos ecossistemas e nos corpos das comunidades locais.

Do mesmo modo, a mineração de urânio para a indústria nuclear explorou e poluiu terras e corpos de indígenas norte-americanos nos Estados Unidos e se perpetua no colonialismo nuclear dos resíduos e locais designados como *Superfunds*, onde a pobreza econômica é usada de maneira abusiva para reterritorializar terras com os "subprodutos" de testes nucleares.[67] Hoje, os efeitos de medidas ecoimperialistas como a REDD[68] na Amazônia, que expulsou povos indígenas de suas terras na tentativa de compensar emissões de carbono produzidas em outros lugares, e a instalação de depósitos de lixo em áreas de baixa renda e predominantemente habitadas por pessoas negras continuam esse legado desproporcional de perigos ambientais. É imperativo reconhecer que o regime de compensações - de carbono, ecossistemas, desmatamento, poluição, migração forçada, grilagem de terras, mudanças climáticas - é uma empreitada neocolonial que dá continuidade à extração através do deslocamento de resíduos e do legado ininterrupto de "experimentos" coloniais. Essas compensações são realizadas através da gramática da materialidade que privilegia as

66 N. Robbins. *Mercury, Mining, and Empire: The Human and Ecological Cost of Silver Mining in the Andes* [Mercúrio, mineração e império: o custo humano e ecológico da exploração de prata nos Andes], 2011.

67 V. Kuletz, *The Tainted Desert: Environmental Ruin in the American West* [O deserto contaminado: devastação ambiental no Oeste americano], 1998, p. 126-127.

68 Redução das Emissões por Desmatamento e Degradação Florestal. (N.T.)

equivalências em detrimento da relação. Como diz a poeta Kathy Jetñil-Kijiner, das Ilhas Marshall, "essas duas questões – são tão maiores do que nós, a questão nuclear e a mudança climática, e, mesmo assim, nós [as Ilhas Marshall] estamos nessa encruzilhada".[69] Em uma réplica, a poeta Terisa Tinei Siagatonu, também marshallesa, afirma que "Todo mundo é afetado pela mudança climática, mas alguns são afetados primeiro. (...) Para aqueles entre nós que talvez não tenham as palavras adequadas, mas ainda são capazes de falar, aqueles entre nós que não podem pagar o aluguel, mas não podem esperar".[xiii] Situada no eixo dos impactos ambientais, a linguagem "desapaixonada" da geologia acaba se revelando uma economia de remoção (subjetiva e ambiental).

O Antropoceno, ao nomear uma geologia universal de baixo para cima, produz uma homogeneização violenta dos afetos subjetivos e das possibilidades materiais. O movimento *rumo a* uma noção mais abrangente de humanidade deve ser feito com cuidado. Ele não pode estar baseado no pressuposto de que a emancipação se torna possível tão logo os outros raciais e suas vozes sejam enfim incluídos para concretizar essa nova universalidade, mas deve estar baseado no reconhecimento de que esses "Outros" já se encontram inscritos na formulação fundacional do universal *como um espaço de subjetificação privilegiada*. Através das categorias do não-ser, as trajetórias da empreitada colonial excluem os próprios sujeitos que compõem os estratos racializados da extração e da exposição. Essa carne recebe a marca do Antropoceno. Pensando na carne junto a Spillers, como a expansão e o excesso conceituais da conversão de uma pessoa

69 L. Laubscher, "Between the Devil and the Deep Blue: Marshall Islanders Face Nuclear Fallout and Rising Seas" [Entre o diabo e o mar profundo: os ilhéus de Marshall entre a herança nuclear e o mar que avança], *Vice*, 2017.

em coisa, então, "nós nos referimos [à musculosidade] queimada, cortada, dilacerada, presa ao fundo do navio, derrotada ou 'evacuada' no mar".[70] A divisão entre corpo e carne é uma diferença categórica essencial entre a posição de um sujeito cativo e a de um liberto. A carne é o "grau zero de conceitualização social que não escapa ao ocultamento sob as tintas do discurso ou os reflexos da iconografia".[71] As reivindicações geológicas sobre e dentro da carne negra e *brown* estabelecem traços estratigráficos que são tão profundos quanto intergeracionais, marcando corpos com radioisótopos nucleares e a pele com códigos de descartabilidade diante do poder e da toxicidade.

Justamente pelo fato de a modernidade (e a pré-modernidade) ser baseada numa subjetividade que desde seu início está inscrita na raça, o diagnóstico do Antropoceno não desencadeia qualquer crise ética no discurso liberal acerca de quem é o alvo dessas práticas materiais. O que está em jogo e o que está na linha de frente são definidos de acordo com a linha de cor. Os monumentos incorpóreos e a matéria da cavilha de ouro apontam, mas não nomeiam. É por isso que o Antropoceno é configurado em uma conjugação temporal no futuro, e não num reconhecimento das extinções já sofridas pelos povos negros e indígenas. Seguindo o rastro do humanismo, a produção do Antropoceno está predicada na Branquitude como cor da universalidade. Enquanto a distinção ética do humanismo reside na distinção entre o que é humano e o que é inumano, a Negritude é estabelecida, conforme argumenta Mbembe, como exceção desta coda, ficando relegada à objetalidade da matéria inumana. Uma consequência importante do pensamento de Wynter é que

70 H. J. Spillers, *Black, White and in Colour* [Preto, branco e colorido], 2003, p. 206.
71 Ibid.

"*humanidade*[72] não é mais um *substantivo. O ato de ser humano é uma práxis*"[73] e não pode ser tomado como garantida enquanto categoria autoevidente ou razão. E a ideia de humano ser uma práxis faz interseção com práticas geológicas classificatórias para informar as designações de categoria do que é o inumano. É justamente com essa intimidade com a vida do inumano que a tradição do pensamento crítico negro se engajou a fim de ressuscitar os domínios da vida que parecem exceder essa linguagem objetiva que transmuta sujeitos negros em diferentes categorias de materialidade. Esse é o fragmento despercebido do arquivo do Antropoceno que precisa de atenção, enquanto sujeito e relação. Silva[74] argumenta que a raça é fundacional, não simplesmente formativa na produção de subjetividade e espaço globais; a raça não pode ser derrubada através de atos de inclusão, pois ela é tijolo e âncora do sistema mundial moderno. Além disso, a violência das gramáticas da geologia deve mudar para reconhecer essa inscrição e desenvolver um modo de escrita que vá além do objeto da materialidade geológica, abrangendo suas dimensões inumanas e desumanas, como práxis material e condição subjetiva.

Se examinarmos os momentos sugeridos para o nascimento do Antropoceno, tornam-se aparentes o papel formativo da raça na genealogia de um sujeito antropocênico e o conjunto de

72 O termo usado por Wynter no original em inglês é "humanness", que significa neste contexto "a qualidade de ser humano" ou "o que define o ser humano", e não "humanity", termo normalmente traduzido por "humanidade" no sentido de comunidade dos humanos. (N.R.T.)

73 S. Wynter, "Unparalleled Catastrophe for Our Species? Or, to Give Humanness a Different Future: Conversations" [Catástrofe incomparável para nossa espécie? Ou, para dar à humanidade um futuro diferente: conversas] in K. Mckittrick (org.). *Sylvia Wynter: On Being Human as Praxis* [Ser humano como práxis], 2015, p. 23.

74 D. F. Silva, *Toward a Global Idea of Race* [Rumo a uma ideia global de raça], 2007.

processos ambientais que se acumulam no novo modo subjetivo de força geológica. Essa genealogia *do Homem Colonial ao Homem Antropocênico* está evidente na constituição das culturas científicas do Antropoceno e no corpo de suas personificações populares. Na capa da revista científica *Nature* (volume 519, edição 7542 [2015]), o corpo masculino branco do "Homem do Antropoceno" é retratado sangrando delicadamente a biodiversidade, com um cogumelo atômico irradiando um cálido tom laranja temperado sobre o ombro. Navios cruzam a Passagem do Meio sobre seu peito com o vento soprando as velas, como tatuagens da moda, enquanto pequenos corpos negros ocupam a África e as Américas, povoando os cantos da passagem triangular. As miniaturas negras são apenas corpos a mais em exibição dentro da pele descascada da modernidade masculina branca, posicionadas ao lado do cacau, do milho e do trigo de igual tamanho. No braço, revela-se um cenário de operação cibernética industrial. A Época Humana está marcada em seu abdômen definido. Agora, leia essas imagens do Homem do Antropoceno junto às palavras de Spillers: "Essa ordem [a ordem sociopolítica do Novo Mundo], com sua sequência humana escrita em sangue, *representa* para os povos africanos e indígenas um cenário de mutilação, de desmembramento e de exílio *reais*. Em primeiro lugar, para eles, o tormento diaspórico do Novo Mundo foi assinalado pelo *roubo* do corpo – uma separação *deliberada* e violenta (inimaginável daqui onde nos encontramos) do corpo em cativeiro de sua vontade motriz, de seu desejo ativo".[75]

Ou vejamos a capa da revista *Smithsonian*. Ali está representado um cientista ocidental examinando um estrato de rocha geológico, o sujeito liberal solitário, individualizado e de posse do horizonte que ele examina como se fosse sua aquisição

75 H. J. Spillers, op. cit., p. 206.

territorial. Essa imagética, previsivelmente, ecoa as pinturas coloniais que fundamentam essa genealogia do homem (tal como a pintura *An Evening Reading* [Uma leitura noturna], de 1941, de Thomas Lorimer , que tem como tema a expedição do *Western Corps of Discovery* liderada por Lewis e Clark entre 1804 e 1806, em território norte-americano), nas quais a imaginação cartográfica do agrimensor privilegiado confere tanto verdade e poder sobre o território quanto um prognóstico positivo que naturaliza o olhar colonial, reproduzindo e reforçando essa conquista geopolítica no âmbito de uma reivindicação ocidental de globalismo, reverberando o "Destino Manifesto".[76] Em vez de sugerir a humanidade como possibilidade coesa para a política do Antropoceno, "as 'passagens do meio' da cultura negra para e dentro do Novo Mundo não são marcadas pela 'humanidade', mas por uma acentuada falta dela; um 'buraco negro' de humanidade, por assim dizer".[77] Em afinidade com a ideia de Wright da Passagem do Meio até o Novo Mundo como um "big bang de Negritude", Ishmael Reed a chama de "um Atlântico de sangue. A energia reprimida de uma raiva capaz de formar sol suficiente para iluminar um sistema solar. Um buraco negro queimado. Um buraco cósmico de escravidão".[78] A passagem para o universalismo em termos ecológicos ou planetários permanece uma travessia questionável, se não se revisar o modo como a humanidade foi criada como um constructo excludente, concomitantemente à escravidão de alguns humanos e ao genocídio de outros.

76 Doutrina difundida nos Estados Unidos durante o século XIX segundo a qual os colonizadores daquele país, cujo povo teria sido eleito por Deus para expandir a civilização, deveriam se espalhar por outros territórios. (N.T.)

77 A. Weheliye, *Habeas Viscus: Racializing Assemblages, Biopolitics, and Black Theories of the Human* [*Habeas viscus*: agenciamentos racializantes, biopolítica e teorias negras do humano], 2002, p. 26.

78 I. Reed apud A. Weheliye, op. cit., p. 21.

No entanto, contrastando o pós-humanismo (branco) e o pensamento afrodiaspórico, Weheliye sugere que, em vez de dispensar essa categoria que foi inventada para esconder seu oposto (o inumano), acadêmicos negros têm tentado se apropriar dela:

> O pensamento afrodiaspórico não tem demonstrado o mesmo tipo de desconfiança e/ou rejeição absoluta do "homem" em sua aparência universalista e pós-iluminista que demonstram as filosofias anti-humanistas e pós-humanistas. Em vez disso, os discursos humanistas negros enfatizam a historicidade e a mutabilidade do "humano" propriamente dito, apontando para conceitualizações distintas e catacrésicas dessa categoria.[79]

Conforme argumenta King: "A Negritude é a dimensionalidade crua (símbolo, matéria, energia cinética) usada para criar espaço. Por serem espaço, os corpos negros não podem ocupar também espaço em termos humanos".[80] Pessoas negras, a quem é negado o espaço-tempo humano, devem, argumenta King, imaginar um lugar fora das configurações humanistas da geografia. Ainda que no afrofuturismo se encontre esse outro espaço-tempo da Negritude nas estrelas, há escopo considerável para encontrá-lo nos espaços cotidianos terrestres.

Na reinscrição antropocênica das forças da terra e das relações globais, o "Homem" é posicionado como conceito organizador central das relações planetárias. Esse Homem é tanto o interlocutor quanto um modo de compreensão (quando não uma unidade de análise) que reposiciona no eixo da preocupação

79 A. Weheliye, op. cit., p. 26.
80 T. L. King, "The Labor of (Re)reading Plantation Landscapes Fungibile(ly)" [O trabalho de (re)ler paisagens de plantações de forma fungível], *Antipode: A Radical Journal of Geography*, 2016, p. 1029.

planetária o humano em sua forma estrutural liberal-humanista. A "Era do Homem" é um modo dominante e dominador de subjetificação – da natureza, do mundo não ocidental, dos ecossistemas e do planeta. Como na ilustração da capa da *Nature*, o Homem é o corpo político da mudança ambiental global. Esse Homem é o herdeiro incontestável das formações históricas do Homem Colonial e *o* sujeito privilegiado da vida biopolítica. Esse sujeito ético dá corpo às hierarquias de subjetificação e, ao mesmo tempo, mantém a produção das marginalidades e das minorias que ficam fora de consideração nesse modo secular, porém universalizante. Conforme sugere Weheliye:

> uma vez que o discurso da vida nua e da biopolítica obstrui de modo significativo a raça como categoria de análise, assim como o fazem outras articulações de teoria crítica atualmente em voga, ele não é capaz de fornecer os instrumentos metodológicos para diagnosticar os vínculos íntimos entre a humanidade e os agenciamentos racializantes da era moderna. A relação volátil entre raça e o humano é definida acima de tudo por duas constelações: primeiro, não existe porção do humano moderno que não esteja sujeita à racialização, o que determina o ordenamento hierárquico da espécie *Homo sapiens* em humanos, não exatamente humanos e não humanos; segundo, como consequência, a humanidade teve um status muito diferente para as tradições dos radicalmente oprimidos ao longo do tempo. O Homem só será abolido "como um rosto desenhado na areia da praia" se desarticularmos o humano moderno (Homem) de seu gêmeo: os agenciamentos racializantes.[81]

81 A. Weheliye, op. cit., p. 8.

A pergunta que Weheliye faz (baseado em Wynter) em seu livro *Habeas Viscus*[82] acerca desses gêmeos – o humano e os agenciamentos racializantes – é: que modalidades distintas do humano surgiriam se a figura liberal-humanista do Homem não fosse considerada o sujeito-mestre? A humanidade continua a insistir em suas formas atuais de inumanidade justamente porque se trata de uma humanidade racialmente constituída, na qual a diferença racial é produzida como uma forma oposta e externa, quando ela é, na verdade, segundo Silva, intrínseca à formação de tal humanidade, através de modos espacializados e subjetivos. Esse nascimento concomitante do Homem e de seus Outros forma a base do sujeito iluminista da consideração ética, o sujeito em torno do qual um entendimento de humanidade (e de inumanidade) se estabelece (sobre o surgimento concomitante das noções liberais de liberdade em Hegel e do funcionamento da escravidão no Haiti).[83] Esse nascimento codifica a Branquitude associando-a à liberdade, e a Negritude à objetificação e à escravidão,[xiv] sendo a Negritude a posição tanto do não livre quanto do *impensado*.[84] É exatamente por isso que a Branquitude (enquanto formação de poder) pode "escolher" as condições ambientais, enquanto negros e *brown* continuam sendo associados às cores da exaustão ambiental e da exposição ao excesso.

Elaborar uma ideia global de raça, seguindo Silva, que não esteja às margens da conceitualização do sujeito ético ocidental, mas que seja um exame crucial de seus modos de produção espacial e subjetiva, significaria o abandono do Homem Colonial,

82 Ibid.

83 S. Buck-Morss, *Hegel e o Haiti*. Tradução de Sebastião Nascimento. São Paulo: n-1 edições, 2017.

84 S. Hartman e F. Wilderson, "The Position of the Unthought" [A posição do impensado], *Qui Parle*, 2003.

junto a uma mudança nas formas e modos de expressão fora das tradições epistêmicas do Ocidente. Nos termos de Angela Last, isso significaria desfazer a geopolítica através da geopoética.[85] Na proposta de Last, feita por meio do trabalho da geopoética caribenha, "a descolonização utiliza a geofísica não como modelo para as relações humanas ou entre humano e mundo, mas como ferramenta para re-situar a si mesmo e reimaginar as divisões globais".[86] Essa relação material que reterritorializa o inumano como um recurso geopoético nos alerta para a gramática das divisões materiais que organiza os modos subjetivos, nos quais a agência geopolítica é designada como uma qualidade do sujeito biopolítico privilegiado, mas também contém o potencial para uma redescrição das relações inumanas. Conforme argumentei em outro trabalho, "é a própria divisão entre 'matéria morta' e o 'sujeito vivo' privilegiado que constitui a política ativa de reconhecimento no liberalismo tardio. (...) Essa divisão axial da materialidade em formas passivas e ativas, que podem ou não se tornar sujeitos (dependendo do status na linha de cor), é a ferroada atual da geopolítica".[87] Uma nova linguagem da terra não pode ser estabelecida em modos biopolíticos (de inclusão) por causa das divisões hierárquicas que marcam o sujeito biocêntrico.

85 A. Last, "Fruit of the Cyclone: Undoing Geopolitics through Geopoetics" [Fruto do ciclone: desfazendo a geopolítica por meio da geopoética], *Geoforum*, 2015; "We Are the World? Anthropocene Cultural Production between Geopoetics and Geopolitics" [Nós somos o mundo? Produção cultural no Antropoceno entre geopoéticas e geopolíticas], *Theory, Culture, and Society*, 2017.
86 A. Last, op. cit., p. 56.
87 K. Yusoff, "The Anthropocene and Geographies of Geopower" [O Antropoceno e as geografias do geopoder] in M. Coleman e J. Agnew (org.). *Geographies of Power*, 2018.

GEOLOGIZANDO O SOCIAL

No contexto da socialização da geologia e da geologização do social, o Antropoceno não passa de um breve momento, um piscar de olhos na deformação do planeta, mas sua reivindicação original é representar uma nova qualidade do humano. Essa originação, esse relato de domínio geológico, é mais um "erro de categoria" que só pode ser afirmado historicamente se a escravidão e a transformação de sujeitos em objeto inumano forem desconsideradas da experiência do humano (reforçando, assim, seu posicionamento fora da categoria do humano). A invasão do "Novo Mundo" produziu os primeiros sujeitos geológicos do Antropoceno, e eles eram indígenas e negros. O inumano, tanto como propriedade geológica quanto como modo de relação subjetiva na escravidão, gerou uma interpenetração compulsória entre categorias humanas e inumanas, ou o que Spillers chama de "intimidade estrangeira", que precede o "novo" sujeito imaginado do Antropoceno. Por sua vez, a diáspora foi uma sedimentação social que nomeou a violência da geologia em sua concepção, não como um aspecto ignorado de relação espacial e ambiental que em seguida pode ser entendido como dominação da natureza e ascensão à força geológica, mas como um aspecto mais adequadamente localizado na gramática do *determinismo geológico* estabelecido no genocídio e na relação senhor-escravizado. Essa relação senhor-escravizado se inicia com a práxis geológica de extração que precisou tanto da escravidão (primeiramente para mineração) quanto de sua continuidade como modo de trabalho e de extração psíquica de prazer e sadismo, o que por sua vez codificou a Negritude e a aproximou das qualidades e propriedades do inumano. Ao definir a identidade de uma época através da geologização do social (e de seus modos de relação subjetiva), as histórias de origem do Antropoceno constroem um "nós" monolítico e pós-racial, bem como uma temporalidade singular do ser, em vez de diferenciar a vida geológica com essa práxis. O humanismo é utilizado como um método de apagamento que oculta o racismo climático e a injustiça social no acesso à geografia através de histórias diferenciadas de responsabilidades e recompensas na vida geológica.[88]

Wynter,[89] discutindo a formulação do "nós" homogeneizado, sugere que esse referente "*não* é o *nós-referente* da espécie humana propriamente dita"; em vez disso, ele é isomorfo, em sua subjetividade privilegiada, ao "nós" da humanidade. Conforme prossegue Wynter,

> cientistas naturais e sujeitos burgueses partem do pressuposto lógico de que o *nós-referente* – cujos comportamentos normais estão destruindo a habitabilidade de nosso planeta – remete *à população humana como um todo*. O "nós" que está destruindo o planeta nessas descobertas não é visto como o *nós-referente* do *homo oeconomicus* (um "nós" que inclui eles/nós enquanto acadêmicos burgueses). *Portanto, as propostas de mudança que eles apresentarão serão devastadoras!* E ainda mais devastadoras para os pobres do mundo, que já começaram a pagar o preço mais alto. (...) Devastadoras porque as propostas feitas são apresentadas, mesmo que de modo inconsciente, da perspectiva do *homo oeconomicus* e da mestra que o acompanha, a economia.[90]

88 K. Yusoff, "Anthropogenesis: Origins and Endings in the Anthropocene" [Antropogênese: origens e finais no Antropoceno], *Theory, Culture, and Society*, 2016, p. 6.
89 S. Wynter, "Unparalleled Catastrophe for Our Species? Or, to Give Humanness a Different Future: Conversations" [Catástrofe incomparável para nossa espécie? Ou, para dar à humanidade um futuro diferente: conversas] in K. Mckittrick (org.). *Sylvia Wynter*: *On Being Human as Praxis* [Ser humano como práxis], 2015, p. 24.
90 S. Wynter, op. cit., grifo no original.

A afirmação dessa unidade no tempo e no espaço apaga as próprias rupturas racializadas e fissuras geossociais que geraram esse mundo antropocênico através da estratificação da carne. Como sugere Toni Morrison, "o mundo não estará livre das raças ou não deixará de ser racializado com afirmações. Impor a ausência de raça no discurso literário é, por si só, um ato racial".[91] O nascimento do sujeito racial está entrelaçado com o colonialismo, a conquista do espaço e a codificação da geologia como propriedade e propriedades. Portanto, recursos geológicos e corpóreos (ou a escravidão racializada) nascem no mesmo momento.

Desafiar a celebração dessas histórias que produzem relatos míticos, sustentados por modos geológicos ocidentais de extração e imperialismo branco, é uma forma de desafiar não apenas o modo de narrar da geologia, mas também *onde* e *como* nós podemos procurar seus marcadores num modo descolonizador da relação geológica. Desfazer o que Hortense Spillers chama de "gramáticas da captura" é uma maneira de desenterrar o modo como a geologia se movimenta através da Negritude, e não simplesmente contra ela. Isso sugere que outras relações materiais emergem através dessa deformação da vida subjetiva. Momentos de origem, narrados como o evento da geologia, podem ser concebidos como "intersticiais – aqueles instantes pontuais (numa série interligada de eventos) que deixam de ser marcados para que a visão mítica se mantenha intacta".[92] Em outras palavras, as histórias de origem enterram tanto quanto revelam as relações materiais e suas genealogias. E é necessário *des*sedimentar a vida social da geologia, situá-la

91 T. Morrison, *Playing in the Dark: Whiteness and the Literary Imagination* [Brincando nas trevas: Branquitude e a imaginação literária], 1992, p. 46.
92 H. J. Spillers, op. cit., p. 14.

no terror de seus atos coercivos e nos momentos intersticiais de sua geologia oculta – o que chamo de um bilhão de Antropocenos negros.

Imaginemos por um instante, no âmbito de uma geologia social mais exuberante e exigente, que a cavilha de ouro é algo que perfura e empala, que há uma carne que é fiadora dessa geologia (humana, não humana, inumana). Essa corporeidade é uma forma de visualizar, de tornar sensível e de rever o contexto social e um exterior contextual dessa geologia (em que a geologia nunca é uma formação apenas de materialidade, mas também de tempo, espécie e seu par intrínseco: explicação e política do futuro). Esse exterior contextual pode ser chamado de geotrauma da percepção do Antropoceno – um geotrauma no qual a carne é o meio de troca que organiza e modifica a cavilha. Relações geológicas são sempre relações materiais de poder, relações constituídas através de sua passagem, e trata-se de uma passagem de resistência. Assim como no gênero de pinturas coloniais, em que o agrimensor demarca um território geográfico, as linhas em um mapa e as coletas de artefatos minerais que elas tornam possíveis têm consequências; elas estabelecem uma *geo-lógica* que se aplica sobre certos corpos e posições-sujeito, tornando-os descartáveis na economia oculta da extração.

A nomeação de uma cavilha não é apenas triunfalismo científico, mas algo que encena e então descreve uma estrutura e ênfase da atenção ou da monumentalização. Essas cavilhas de ouro são ao mesmo tempo construtos culturais de geologia política e monumentos aos complexos extrativo-racial-industrializados. O que essas denominações nomeiam, ainda que obscurecida no modo de narrar, é uma história dos próprios corpos que desfazem os estratos – o roubo de corpos, da carne que talha a rocha, que planta o canavial, que explode e é explodida nas minas, que transporta e carrega os patógenos e poluentes dessas cavilhas *como* processos de desestratificações. Essas atualizações subjetivas e materiais do Antropoceno são geografias de coerção violenta. Existe um agente invisível que carrega essas cavilhas de ouro em sua carne, suas correntes, sua fome e seus ossos e em suas formações sociais como som, poesia radical, estudos negros críticos e a possibilidade subjetiva conquistada em condições impossíveis; *existem* um bilhão de Antropocenos negros que são sua testemunha experiencial e que incorporam seus modos de materiação que não têm acesso à agência histórica, apenas são historicizados neste -ceno. Assim, definir uma cavilha de ouro reprimindo essas relações geológicas que a constituíram socialmente significa reproduzir a violência contínua dessas relações. Quero pensar na carne empalada me mantendo atenta à recusa de reproduzir essa violência racial que confere uma única posição possível à Negritude, concebendo a Negritude e a indigeneidade como o negativo dialético da Geologia Branca.

A cavilha de ouro não é uma cavilha abstrata; ela é uma concretização inumana que afeta e mutila a carne humana e não humana, os materiais e experiências inumanas. Percorre os corpos de um bilhão de células; sangra através da exposição direta à toxicidade, suturando acumulações entorpecedoras através de um sem-número de genealogias e geologias. Isso é a alienação da geologia. A fabulação dos inícios no Antropoceno está vinculada ao presente e sua política, mas também evidencia certas continuidades que estruturam a experiência do ponto de vista privilegiado do colonialismo ocidental e seu presente colonial ininterrupto. Sujeitos, ou melhor, modos de subjugação, também estão atrelados a esse evento e são apagados – modos que continuam a se reproduzir através do capitalismo racializado nas minas da África do Sul e do Brasil, na forma como a precipitação radioativa voltou a se acumular em torno da ilha de Guam ou nos legados da escravidão no encarceramento. Uma vez que todas as cavilhas de ouro oferecidas empalam a carne, elas são matrizes de violência impostas sobre a integridade da subjetividade, da corporeidade e da territorialidade. *Originação é deslocamento*. Cada momento das histórias de origem propostas para o Antropoceno é um deslocamento colonial, uma migração através dos eventos desproporcionalmente vivida por pessoas não brancas e comunidades indígenas. No espírito de uma geologia especulativa, o que o Antropoceno certamente é, dadas as suas explicações de uma *geologia-em-formação* e orientadas ao futuro, considerar uma geologia social mais completa produziria uma geologia inumana mais precisa que também levaria em consideração as exclusões constitutivas de sua inumanidade.

Prestar atenção às geologias sociais inumanas cotidianas que sustentam esses atos geológicos de marcação geraria uma mudança de paradigma muito mais revolucionária nas geografias do Antropoceno. A centralidade da raça para a produção de humanidade no Antropoceno requer uma reconfiguração do sujeito no centro dos discursos éticos brancos e liberais e um reconhecimento do papel da raça na produção dos espaços globais que constituem o Antropoceno. Quero apresentar algumas proposições sobre a inscrição da colonialidade no Antropoceno:

1. O discurso antropocênico realiza uma inscrição fundacional global da raça na concepção da humanidade, que é apresentada como objeto de consideração no Antropoceno. O movimento em direção à ideia de um bilhão de Antropocenos negros destaca aquilo que já está centralizado no Antropoceno – a raça – e rejeita a Branquitude

estrutural do Antropoceno em sua formação atual, possivelmente em direção a outros futuros geossociais mais comprometidos e descolonizados. É por isso que a formulação é (acompanhando Silva[93]) *em direção à* ideia de um bilhão de Antropocenos negros e não apresentada como um alter-ceno, quaisquer que sejam suas formas: Capitaloceno,[94] Chthuluceno,[95] Plantationoceno[96] etc. A ideia de um Antropoceno negro apresenta a questão como uma redescrição do Antropoceno através do agenciamento racializante do qual ele emergiu, em vez de reivindicar um espaço para a Negritude dentro ou fora do Antropoceno (o que não me cabe fazer justamente por causa das histórias coloniais que escreveram e descreveram os termos da Negritude). Isso significaria reconhecer o modo como a prática da geologia fez da raça

93 D. F. Silva, op. cit.

94 "Capitaloceno" é um conceito sugerido primeiramente pelo pensador social sueco Andreas Malm e desenvolvido mais amplamente pelo historiador e geógrafo estadunidense Jason Moore. O termo antagoniza o conceito de Antropoceno, com a intenção de apontar sem sombra de dúvida os responsáveis pela devastação climática global passada e presente: a classe e o sistema capitalista.

95 "Chthuluceno" é um termo cunhado pela filósofa feminista da ciência dos Estados Unidos Donna Haraway. Diferente de outros termos derivados de Antropoceno, seu propósito não é sugerir um final alternativo para o Holoceno, mas sim apontar para a temporalidade anterior, concomitante e posterior ao Antropoceno dos processos de terraformação que tornam o planeta habitável. Haraway dá destaque aos processos desencadeados pelo que chama de agências ctônicas ou tentaculares, os fazeres de seres materiais-semióticos ligados ao subterrâneo, profundo, pouco visível, lento, decomposto e uma série de outras propriedades biológicas, filosóficas, imaginárias e estéticas.

96 "Plantationoceno" é um conceito avançado por Donna Haraway e a antropóloga estadunidense Anna Tsing. O termo busca enfatizar o papel das *plantations* na formação biogeoquímica, geográfica e social de paisagens e subjetividades essenciais para a articulação do mundo colonial e, em seguida, do capitalismo globalizado.

uma tecnologia desde sua concepção. Ao sugerir a ideia de Antropocenos negros, não estou defendendo uma diferenciação ontológica como suplemento às práticas de conhecimento ocidental da modernidade para "desestabilizá-las" ou uma lente corretiva para lançar um novo olhar sobre elas e me "apropriar de posições não hegemônicas para (...) uma introspecção branca".[97] Nenhuma análise dos fracassos planetários do modernismo ou de seu sujeito-mestre, o Homem, é possível sem um compromisso com a superação do colonialismo extrativista. Servir à *economia da carne* que sustenta as práticas geológicas é servir a um momento contínuo de originação e de alienação natal, uma geofísica da carne que é negra e *brown*.

2. Existe uma *solidariedade* material e temporal entre as inscrições da raça no Antropoceno e as descrições atuais de sujeitos que estão presos entre o endurecimento das fronteiras geopolíticas e a desestratificação material do território. McKittrick argumenta que "poderíamos reimaginar as geografias da desapropriação e da violência racial não pelas lentes confortáveis de incluídos/excluídos ou nós/eles, que repetem o que Gilmore chama de 'métodos condenados de análise e ação',[98] mas como locais nos quais 'esforços humanos cooperativos' podem acontecer e se estabelecer".[99] Esses locais do Antropoceno nos quais várias formas de fossilização estão sendo realizadas – mineração, extração, resíduos, extinção – são

97 S. Broeck e C. Junker, *Postcoloniality, Decoloniality, Black Critique: Joints and Fissures* [Pós-colonialidade, decolonialidade e crítica negra: articulações e fissuras], 2014, p. 10.
98 Gilmore, 2007, p. 241 apud K. McKittrick, op. cit.
99 K. McKittrick, op. cit, p. 960.

todos locais geossociais de coprodução nos quais histórias compartilhadas se desdobram dentro de relações de poder profundamente desiguais. Nesse contexto, as práticas que constituem o Antropoceno-em-formação contemporâneo e *suas* estratificações são um produto das divisões coloniais de poder, território e vida, e as reforçam. A descolonização é importante justamente neste momento porque há uma desterritorialização paralela de ambientes materiais em virtude dos processos antropocênicos que estão compondo o deslocamento (contínuo) de povos indígenas (como ocorre no Ártico, no Pacífico e nas Ilhas Marshall).

3. Judith Butler define a ética como uma descrição relacional: "O ético não descreve primariamente conduta ou disposição, mas caracteriza uma forma de entender o enquadramento relacional dentro do qual sentido, ação e fala se tornam possíveis [um espaço de discurso]. O ético descreve uma estrutura de endereçamento na qual somos chamados a agir ou responder de uma forma específica".[100] A estrutura ética de enderaçamento performada no discurso do Antropoceno não deveria ser um conto moral sobre um Antropoceno bom ou mau (como o discurso dos ecomodernistas), mas deveria tratar-se de uma redescrição relacional da materiação racial e das práticas espaciais dentro e através das relações geológicas (isto é, a geologia e as forças geológicas precisam ser apresentadas em todas suas implicações territoriais e modos subjetivos). A consagração do "evento" da geologia precisa ser situada nas relações históricas,

100 J. Butler, *Os sentidos do sujeito*. Tradução (coord.) de Carla Rodrigues. São Paulo: Autêntica, 2021, p. 26.

materiais e simbólicas adequadas para desestabilizar permanentemente os monumentos geológicos do Antropoceno e sua versão de relações planetárias historicizantes. Num contexto geontológico mais amplo, isso elucidaria a fantasia de origens e a sedimentação dessas histórias como um eixo estrutural de pertencimento territorial e poder subjetivo. Se, de acordo com Hartman e Wilderson, "o escravizado ocupa a posição do impensado",[101] então o escravizado também representa um pensamento secundário da geologia, na medida em que a avidez por materiais geológicos desencadeou certas noções acerca do que e de quem poderia ser um sujeito (e, em paralelo, o que e quem poderia ser inumano tanto como propriedade quanto como detentor de propriedades valiosas a serem extraídas). A partir da posição do impensado, Hartman pergunta: "O que significa tentar trazer essa posição à tona sem transformá-la num *locus* de valor positivo, ou sem tentar preencher o vazio",[102] sem tentar integrar a posição a um projeto fundado na antinegritude e num "investimento em certas noções de sujeito e sujeição"? O Antropoceno é um projeto iniciado e executado através da antinegritude e de métodos subjetivos inumanos de 1492 até o presente, e não pode chegar a qualquer resolução por meio de modos liberais individualizados de subjetividade e subjugação. Em suma, este mundo precisa acabar para que se inicie uma outra relação com a terra.

101 S. Hartman e F. Wilderson, "The Position of the Unthought" [A posição do impensado], *Qui Parle*, 2003, p. 185.
102 Ibid.

Na pele de uma geologia narrada de outra forma, temos um evento quebrado, sujeitos que emergiram através e dentro dessa quebra (parafraseando Fred Moten) e sobreviveram apesar da fúria genocida direcionada a eles (que vai muito além do acúmulo de mais-valia). Assim, temos um bilhão de Antropocenos negros, um "Undercommons", nos termos de Moten e Harney, que já tem a própria tradição *Poética*[103] (nos termos de Silva, que tem uma relação material diferente). É uma história de origem diferente que nunca teve o luxo das origens, uma "origem não originária", como diz Sexton.[104] Esse presente ausente no arco narrativo da história da "Geologia da Humanidade" está fraturado até as profundezas de suas falhas geológicas, atravessando as rochas e a terra. Fendido, ele suportou a mobilização e a militarização dos estratos e tem vivido o Antropoceno como uma condição para a sobrevivência. Como afirma Moten, "é o acontecimento contínuo de uma antiorigem e uma anteorigem, repetição e reverberação de uma ocasião natal impossível (...) que (des)institui a gênese".[105] O pensamento epocal requer o esfacelamento de seu legado colonial e a articulação dos efeitos fragmentários de suas rupturas sobre os "condenados da Terra":[106]

103 A filósofa e artista brasileira Denise Ferreira da Silva utiliza o neologismo *Poethics*, evidenciando a convergência entre poética (*poetics*) e ética (*ethics*) no âmbito do feminismo negro. Nesta tradução, o termo e seus derivados estão parcialmente italicizados com o intuito de destacar essa convergência. (N.T.)

104 J. Sexton, "People-of-Color-Blindness" [Cegueira racial], *Social Text*, 2010, p. 41.

105 F. Moten, *Na quebra: a estética da tradição radical preta*. Tradução de Matheus Araujo dos Santos. São Paulo: n-1 edições, 2023, p.33.

106 F. Fanon, *Os condenados da terra*. Tradução de Ligia Ferreira. Rio de Janeiro: Zahar, 2022.

E eu me digo Bordéus e Nantes e Liverpool
e Nova York e São Francisco
não há nem um pedaço desse mundo que não tenha
minha impressão digital
e meu calcâneo sobre o dorso dos arranha-céus e
[minha sujeira
no cintilar das gemas![107]

Césaire continua, nomeando as geologias da terra racializada, e conclui:

Terras rubras, terras sanguíneas, terras cosanguíneas.[108]

107 A. Césaire, *Diário de um retorno ao país natal*. Tradução: Lilian Pestre de Almeida. São Paulo: Edusp, 2021, p. 33.
108 Ibid.

CAPÍTULO 3

AS INUMANIDADES

Produzi-lo [o negro] é gerar um vínculo social de sujeição e um corpo de extração, isto é, um corpo inteiramente exposto à vontade de um senhor e do qual nos esforçamos para obter o máximo de rendimento. Sujeito a corveias de toda ordem...

ACHILE MBEMBE[1]

Se sondarmos as profundezas, então o que vamos encontrar é fundamentalmente negro (...) [é] um processo de desalienação (...) Eu sentia que sob o ser social um ser profundo seria encontrado, sobre quem todo tipo de camadas e aluviões ancestrais haviam sido depositados.

AIMÉ CÉSAIRE[2]

1 A. Mbembe, *A crítica da razão negra*. Tradução de Sebastião Nascimento. São Paulo: n-1 edições, 2022.

2 A. Césaire, *Discourse on Colonialism*. Nova York: Monthly Review Press, [1972] 2000.

QUESTÕES DE ORIGEM NUNCA SE AFASTAM muito das questões de diferença e pertencimento e das várias bifurcações do humano em suas subcategorias de plenamente humano, sub-humano e inumano. As origens também acolhem; elas cultivam um esqueleto para as narrativas; elas enraízam um conjunto de embasamentos ou pertencimentos. As origens são como a importação da flora e da fauna feita pelos colonos para recriar seus lares. Os deslocados precisaram negociar as origens também (o esvaziamento das origens ao qual a Passagem do Meio deu início), criando um lar onde não havia nenhum, cravando suas raízes, uma "replantação"[3] nos lotes dos escravizados, onde cultivar coisas é tanto uma narrativa quanto um ato biofísico.

A alienação natal estabelecida através da inscrição do inumano como uma posição-sujeito na escravidão e da desapropriação de terra que faz do indígena sub-humano tem consequências para o modo como a linhagem é inscrita no território e como os direitos legitimadores são estabelecidos sobre esse território. A herança da subjetividade ideal, vinculada à acumulação material no contexto da família patriarcal branca, continua hoje.[4] Conforme comentam Hartman e Wilderson, "os valores familiares apoiam uma agenda eugenista – a reconstituição da família burguesa branca"[5] na qual "a dominação racial e a abjeção racial são produzidas ao longo das gerações".[6] Os arranjos genealógicos usados para entender a arquitetura das histórias de origem do Antropoceno têm consequências para a política contemporânea do lugar. Como argumenta

3 S. Wynter, *Black Metamorphosis: New Natives in a New World* [Metamorfose negra: novos nativos em um novo mundo], s. d.
4 C. Sharpe, "Lose Your Kin" [Renuncie suas raízes], *New Inquiry*, 2016b.
5 S. Hartman e F. Wilderson, "The Position of the Unthought" [A posição do impensado], *Qui Parle*, 2003, p. 196.
6 Ibid., p. 198.

Brand, "país e nação, é claro, são conceitos profundamente vinculados às origens, à família, à tradição, ao lar. Estados-nação são configurações de origens enquanto estruturas de poder exclusivistas que têm sua legitimidade baseada apenas na conquista e na aquisição".[7] A fabricação de origens é uma necessidade e uma tirania da nação, baseada na extração e na exploração. A morte negra e *brown* é a pré-condição de toda história de origem do Antropoceno, e a *gramática* e a *grafia* dessa geologia compõem um regime para produzir sujeitos contemporâneos e sustentar a ocupação colonial. Assim, as histórias de origem do Antropoceno, em geral, se preocupam não apenas com marcadores geológicos, mas com uma genealogia que inscreva certa historicidade sobre o planeta e, desse modo, constitua a filiação do que e de quem tem permissão de constituir o evento histórico.

Origens não têm relação apenas com a geografia. Elas dizem respeito a como a matéria é entendida e organizada, seja como recurso extraível, seja como energia, mobilizada através de modos desumanizantes de sujeição e amalgamando a propriedade e as propriedades da matéria de tal maneira que o corpo político da Negritude se desfaz no inumano – de modo que uma codificação em lei e trabalho se transforma numa assinatura epidemiológica, uma vez que a Negritude é marcada como propriedade, e a Branquitude, como liberdade (política e geográfica). Essa transação é executada em códigos geológicos de materialidade. Conforme argumenta Hartman, "a filiação duradoura e definitiva da liberdade e da escravidão tornou impossível imaginar a liberdade independente de restrições ou a personalidade e a autonomia separadas da sociedade da

7 D. Brand, *Um mapa para a porta do não retorno: notas sobre pertencimento*. Tradução de Jess Oliveira. Rio de Janeiro: A Bolha, 2022, p. 81.

propriedade e das noções proprietárias do eu".[8] Desestabilizar a origem (e a originalidade de uma maneira geral) se opõe à reprodução social da relação de raça estabelecida através desse ordenamento geológico de propriedade e subjetividade proprietária. A escravidão forneceu um princípio de ordenamento "natural" na *techné* da raça,[9] e o sistema classificatório e discriminatório de propriedade e propriedades da Geologia também participou da transformação das relações de terras e economias extrativistas – uma geometria de poder que executou desapropriações e deslocamento sob a rubrica da extração. A metamorfose é da geologia em escravidão ou do "escravizado em homem".[10]

Ainda que os papéis das "categorias naturais" de raça, sangue, taxonomias raciais de eugenia e determinismo ambiental tenham sido criticamente desnaturalizados, a geologia insiste com resiliente teimosia na manutenção de suas categorias inumanas de metal, ouro, lama, escravizados, terra, caraíbas. A inscrição de princípios geológicos na narrativa fundadora do estado colonial, em termos da colonização tanto de recursos quanto do pertencimento racializado, codifica a brutal lógica calculista da materialidade inumana como uma práxis para a desapropriação, a qual somente mais tarde adquire suas formas ideológicas, tais como o "Destino Manifesto". Há um paralelo entre as linguagens de desapropriação dos sujeitos e de terras no contexto do inumano (e de suas inumanidades). Havia uma dependência tanto da fixidez da descrição geológica para facilitar o intercâmbio (ouro, escravizados, Costa do Ouro) quanto da sua porosidade, que possibilitou que uma gama de materiais

8 S. Hartman, *Cenas da sujeição*. Tradução de Fernanda Silva e Sousa e Marcelo R. S. Ribeiro. São Paulo: Fósforo, 2025, p. 298.
9 Ibid., p. 121.
10 Ibid., p. 111.

diferentes fossem mobilizados dentro de um único sistema a despeito de diferenças de senciência, localização e afiliação. Neste capítulo, exploro os antagonismos estruturais na designação do inumano em seu duplo sentido (como experiência material e "erro de categoria" epistêmico) e as resistências e recusas em reação a essa intimidade mineralógica.

CATEGORIAS DA MATÉRIA

A Geologia é uma categoria e uma práxis de desapropriação. Ela determinou as geografias e genealogias da extração colonial em duas frentes: primeiro, em termos da ocupação colonial e da *avidez* por terras e minerais, e, segundo, como uma categoria do inumano que transformou pessoas em coisas. Esse ataque de pinça da geologia desloca tanto o território enquanto terra como também o território da posse subjetiva. Essa é a filiação da "terra vermelha, terra de sangue, terra de sangue do irmão".[11]

A GEOLOGIA COMO O ESPAÇO DA TRANSAÇÃO

> **Leis da Propriedade** a) uma coisa que pertence a alguém, coisas, pertences, bens, posses; b) um atributo, qualidade ou característica de algo.

Relações de propriedade

A captura e a posse de escravizados foram inicialmente motivadas pela mineração do ouro do Novo Mundo. Tanto os escravizados quanto as terras e ecologias foram sujeitos à codificação

11 Cf. nota 107 do capítulo anterior.

como propriedade inumana, em uma tática imperial de construção de mundo à moda europeia. O ouro e a prata extraídos das minas das Américas fluíram para sustentar os mercados europeus. As linhas de propriedade do império instigaram e marcaram a Negritude tanto como consequência das demandas de trabalho quanto como possibilidade de acumulação de capital através da extração geológica. Conforme sugere Wilderson, "pode-se dizer que a possibilidade de se tornar propriedade é um dos elementos essenciais que traçam a linha entre a Negritude e a Branquitude".[12] Trata-se da confluência histórica entre a ciência de reconhecimento, a identificação e extração de materiais geológicos e o estabelecimento de uma linha de cor, que patrulhou as fronteiras das reivindicações de liberdade humana e organizou a linguagem da geologia para além do âmbito de uma ciência material. Como formula Catherine Hall, "a identidade racial negra marcou aqueles que foram escravizados. A branca marcou os que eram livres". A Negritude foi nomeada como uma propriedade da "alienação natal"[13] (que também é isolamento genealógico e geográfico), e sua continuação foi definida em ordenamentos sociais e sexuais através do cercamento das relações de propriedade em todos os vínculos relacionais. Ela

> teve seu contraponto na nomeação da Branquitude como um tipo diferente de propriedade – o acesso a privilégios públicos e privados e a possibilidade de controlar aspectos críticos da própria vida em vez de ser objeto de domínio alheio. Um conjunto de pressuposições, privilégios e bene-

12 S. Hartman e F. Wilderson, op. cit., p. 188.
13 C. Hall, "Gendering Property, Racing Capital" [Generificando a propriedade, racializando o capital], *History Workshop Journal*, 2014, p. 28.

fícios estava associado ao ser branco na sociedade colonial, o qual se tornou legitimado, afirmado e protegido por lei.[14]

A Negritude era um código legal e um modo epidemiológico de identificação que fixou um corpo político da Negritude como propriedade transportável, a ser continuamente deslocada ao longo de diferentes registros geográficos e psíquicos, para além da "porta do não retorno".[15] Além disso, a Branquitude se estabeleceu como um *direito* à geografia, de *tomar* lugares, de *atravessar* o globo e de *extrair* de registros culturais, corpóreos e materiais.

Enquanto a acumulação oriunda do capital das *plantations* era um registro de extração, a acumulação oriunda da violência da *despossessão de lugares* ao longo de múltiplos registros de pertencimento era outro. A própria fungibilidade da mercadoria permitia que a Negritude fosse mobilizada como uma possibilidade ontológica dentro das categorias inumanas, mas, em contrapartida, a lógica carcerária das gramáticas geológicas representa a Negritude como carne, matéria e posição-sujeito. A fantasia era afirmar o valor como mercadoria de pessoas por meio da representação de uma materialidade sem agência (carne) para gerar mais-valia, desfigurando assim o sujeito negro. Hartman sugere que o escravizado é o "sujeito tomado por objeto" primordial, um objeto ao qual qualquer coisa pode ser feita. O primeiro passo nesse processo de desumanização é a metamorfose do humano numa coisa inumana. A disciplina da geologia é intrínseca a essa inscrição estrutural de sujeitos em objetos-matéria ou em propriedade. A compartimentalização e a categorização da matéria produzem a fungibilidade do escravizado como "coisa" e a gramática da

14 C. Hall, op. cit., p. 28.
15 D. Brand, op. cit.; S. Hartman, op. cit.

"coisificação". Num depósito de escravizados de Kentucky, reconstruído no National Underground Railroad Freedom Center, em Cincinnati, no estado de Ohio, há uma argola de ferro pendurada na viga central, o único objeto nesse espaço vazio. Um vídeo exibido do lado de fora diz que a argola de ferro era "a única coisa humana lá dentro". A argola feita por uma mão humana a partir da terra inumana, esculpida na forja, mantida em violência por mãos humanas livres, prendeu muitos numa servidão inumana – uma servidão que ricocheteia ao longo da Passagem do Meio, através de tantas inumanidades, em dívidas infinitas. "Nesses lugares as paredes comiam a pele, os passos tomavam conta da mente."[16] Essa fungibilidade, argumenta Hartman, é a ruptura na possibilidade natal que torna os sujeitos incapazes de acessar qualquer posicionalidade fora da codificação da Negritude como propriedade inumana e também o que organiza a possibilidade de troca intercambiável enquanto um conjunto de propriedades.

Propriedades

Tanto os escravizados quanto os minerais são reconhecidos como detentores de certas propriedades ou qualidades, a saber, energia, reprodutibilidade e transformação. Conforme argumenta Hartman, "o caráter abstrato e a imaterialidade da mercadoria, a facilidade com que circula e muda de estado, passando de uma encarnação de valor para outra, se estendem ao corpo negro ou à máscara de blackface, possibilitando-lhe servir de veículo de autoexploração, renúncia e gozo brancos".[17] As propriedades do escravizado "são ontologizadas como capacidades inatas" da propriedade escravizada.[18] Essas capacidades

16 D. Brand, op. cit., p. 249.
17 S. Hartman, op. cit., p. 94.
18 Ibid.

inatas são propriedades a serem trabalhadas e canalizadas, semelhantes ao vergalhão de ferro que fez a argola que prendia os escravizados. Essas propriedades para extração e trabalho estão também associadas à reprodução social da Branquitude – através da reprodução forçada e do estupro das escravizadas (ou, nos termos de Hartman, da sujeição ao desejo sem consentimento); e no uso da energia extraída para gerar a organização das economias de valor. A escravidão foi estimulada e defendida com o reconhecimento de supostas propriedades da fisiologia africana, segundo o qual indígenas não eram considerados robustos o suficiente para a mineração ou o trabalho nas *plantations*. O que resta aparente é que o escravizado e o mineral são reconhecidos em regimes de valor, mas somente enquanto aguardam a extração (contexto no qual a Branquitude é árbitra e dona do valor).

Ambos os métodos de extração de valor – como *propriedade* e como *propriedades* – geram excedentes. É a gramática da geologia – o inumano – que determina a estabilidade do objeto como propriedade para extração. O processo de materialização geológica na feitura da matéria como valor é transferido a sujeitos e os transmuta através de uma economia material e de cor organizada como ontologicamente diferente do humano (a quem é conferido agência na busca pelos direitos, pela liberdade e pela propriedade). A codificação da Negritude através do inumano significava que "não havia relação com a negritude fora dos termos desse uso, direito e ocupação do corpo cativo, pois mesmo o status dos negros livres era moldado e comprometido pela existência da escravidão".[19] Ainda que Hartman argumente que a propriedade foi o modo como a linha de cor foi traçada, o que é importante

19 S. Hartman, op. cit., p.92.

em seu argumento é a maneira como ela demonstra como o corpo negro se torna uma "propriedade de satisfação", bem como de trabalho, violência, energia e assim por diante. O corpo real do escravizado, enquanto objeto de identificação está sempre desaparecendo, seja por meio da ótica do prazer, da empatia ou da violência, de modo muito semelhante ao que acontece com os corpos negros e *brown* nas histórias de "apontar e apagar" do Antropoceno.

Assim, a geologia foi ontologicamente configurada muito antes do anúncio do Antropoceno que designa uma "nova" identidade geológica para a humanidade. A identificação das propriedades de valor e o reconhecimento das relações de propriedade para substanciar aquele roubo foram os primeiros propulsores da lucratividade no contexto colonial. No cerne desse projeto, estava a Geologia como disciplina epistemológica e como tecnologia para extração, ocupação e deslocamento. A organização da matéria e dos sujeitos em descrições que serviram como modo de contenção produziu a ideia de um estoque permanente de ouro, energia e escravizados, dispostos, por assim dizer, como categorias concomitantes num recibo de compras. A Negritude é representada como um significante vazio, como ouro, prata e outros minerais preciosos nos quais o valor atribuído à troca é estabelecido através de marcadores descritivos e sujeitos são considerados um conjunto de propriedades (valor de troca = tipo [sexo, tamanho, idade] + propriedades [habilidades, excedente futuro]). Os direitos de propriedade são estabelecidos tanto como uma configuração do que é identificável como valor quanto como um modo de posse. Segundo Spillers, "o corpo em cativeiro, portanto, põe em evidência um conjunto de realidades sociais, assim como uma metáfora para o valor tão inteiramente entrelaçado em suas ênfases literais e figurativas que as distinções entre eles são praticamente inúteis".[20] A objetificação é efetivada para suprimir a subjetividade (e a relação com o lugar). É assim que o inumano, enquanto modo de categorização e atitude monstruosa em relação aos escravizados, controla, regula e subjuga os corpos. A classificação do inumano como algo inerte, a-histórico, não político e inorgânico é tanto uma divisão biopolítica da matéria quanto um regime de ordenação da matéria que separa as esferas do político e da agência – ou, ainda, é a biopolítica alcançada através de meios geológicos.

Quem, então, é objetificado pela gramática da materialidade da Geologia? Quem são seus sujeitos sociais e seus semelhantes? Qual é o fundamento e a relação desses sujeitos com a terra? Perceber o deslizamento entre pessoas e materiais que são dispostos na categoria dos inumanos não significa desapropriar ainda mais aqueles que têm sido representados como inumanos nessa configuração; em vez disso, trata-se de entender os deslizamentos entre categorias e sua resistência. Entender a instabilidade da categoria do inumano e sua aderência a formas abjetas de subjetividade abre uma investigação sobre o modo como esses vínculos foram (e continuam a ser) promovidos. Reconhecer a forma como o inumano desliza, como ele é levado a deslizar sobre a pessoalidade como processo de produção do subjugado (por exemplo, quando o corpo negro é representado como carne e unidades de energia), é uma dinâmica não reconhecida da vida geológica que reescreve um texto radicalmente diferente para o Antropoceno.

Ainda que reescrever o Antropoceno não tenha importância central por si só (isto é, como exercício epistêmico), têm importância os modos de subjetividade geológica que são imaginados,

20 H. J. Spillers, *Black, White and in Colour* [Preto, branco e colorido], 2003, p. 208.

assim como a relação dessas ideias de subjetividade geológica com os regimes de extração. Entender como os modos de subjetividade são estabelecidos enquanto categorias de extração consiste numa mudança histórica na narrativa da produção do mundo e em uma revisão de como modos de subjetividade são formados em relação a outros (isto é, a formação da escravidão como uma categoria indiferente de descrição do sujeito está vinculada à possibilidade do indivíduo liberal possuidor e da família patriarcal branca). É somente no nível do simbólico que as substituições entre Negro e Ouro podem ser mobilizadas como registros materiais que cruzam um terreno monolítico. Somente por meio de uma mudança do eixo de sentido que permite essa transação (em nível material e simbólico) pode promover-se uma possibilidade diferente de desestabilização dessa geofísica baseada na deformação dos corpos negros e *brown*. Vista pela lente da geologia e da escravidão, a opacidade descritiva do Antropoceno como um acerto de contas com as relações geológicas parece expressar uma falsa inocência. Pois o deslocamento da relação ecológica e com a terra que formam a possibilidade de lugar está encoberto, e a vida subjetiva fica vinculada à instigação da escravidão (que é codificada em paralelo com a extração material). São os mesmos códigos e graus da matéria inumana aplicados genericamente aos minerais que são reconstituídos nos códigos genéricos da escravidão (de propriedade e propriedades). Ainda que o reconhecimento das propriedades materiais das terras colonizadas em termos de propriedades extraíveis propulsione o imperativo colonial e sua necessidade de trabalho escravo, o escravizado se torna um efeito dessa gramática extrativista, sua corporificação e sua resistência.

Ao entrelaçar o trânsito entre o inumano e o desumano, a suposta neutralidade da geologia enquanto um modo de descrição se desfaz. O papel da Negritude é deslocado e apagado na busca por valor para o colonialismo ocidental através da (e como) extração. Os princípios geológicos são usados para estabelecer um biocentrismo que traça uma linha que vai do humano, passa pelo sub-humano e chega até o inumano, como uma relação de propriedade e como marca de propriedades agenciais. Não é que a geologia seja por si só produtora de raça, mas certos processos empíricos atuam juntos nas proposições geológicas e nas proposições da identidade racial para produzir uma equação em que a propriedade inumana é codificada racialmente. Essa dinâmica de deserdação (e de herança branca) é ideologicamente mantida através das noções de espécie no tempo geológico. Como argumentava Fanon, "esse mundo compartimentado, esse mundo dividido em dois é habitado por espécies diferentes (...). Quando se apreende o contexto colonial em seu imediatismo, fica patente que o que divide o mundo é antes de mais nada o fato de pertencer a tal espécie, a tal raça".[21] É igualmente verdadeiro que a ótica do pertencimento a uma determinada raça é a *techné* da originação, inventada para dividir a terra.

"PRINCÍPIOS DA GEOLOGIA"

Nos relatos publicados acerca de sua pesquisa geológica na América do Norte, Sir Charles Lyell,[22] presidente da Sociedade Geológica de Londres e autor de *Princípios da Geologia*[23] (um texto que influenciou diretamente as ideias de Darwin sobre a

21 F. Fanon, op. cit., p. 35.

22 C. Lyell, *Travels in North America* [Viagens pela América do Norte], 1845; *A Second Visit to the United States of North America* [Uma segunda visita aos Estados Unidos], 1849.

23 Idem, *Principles of Geology* [Princípios da Geologia], [1830-1833] 1998.

evolução), deixa claro as maneiras como as propostas geológicas e raciais estão entrelaçadas. Eclético de um jeito que devia ser familiar para seu público, ele vai de "Geologia e os estratos do Cretáceo" e "Montgomery. Toque de recolher. Escola dominical para negros" em um capítulo (capítulo XXII) a "Tabela à parte para passageiros brancos e de cor" e "Conchas fósseis"[24] em outro. Os subtítulos do capítulo IX mostram: "Retorno a Charleston – Esqueletos Humanos Fósseis – Espécies de Conchas comuns nos Estratos do Eoceno na América e na Europa – Condição da População de Escravos – Alegria dos Negros: sua Vaidade – Estado de Existência Animal – Nulidade dos casamentos – A População de Cor se multiplica mais rápido do que os Brancos – Efeitos da interferência dos Abolicionistas". As especulações de Lyell sobre raça possuem firmes fundações na linguagem que ele forjou para a geologia, uma vez que ele define os problemas das raças e suas respectivas posições (como ele as entende) no que diz respeito ao tempo de maneira muito semelhante à forma como suas descrições geológicas definem a estratificação de formações rochosas e espécies ao longo do tempo. Ou seja, o Negro é entendido por Lyell como uma espécie diferente de "o Branco" no tempo.

Não obstante sua preocupação com o crescimento da população de negros e o subsequente efeito, tanto racial quanto econômico, sobre a raça branca, Lyell sugere: "Alimentarei as mais altas esperanças de melhoria e emancipação em seu futuro, e até o completo amálgama e fusão com os brancos, tamanho foi o crescimento de minha estima por suas habilidades morais e intelectuais a partir do que tenho testemunhado na Geórgia

24 C. Lyell, *A Second Visit to the United States of North America*, 1849, capítulo XXIII.

e no Alabama".[25] Enquanto a opinião paternalista de Lyell parece ter sido estimulada por um animado sermão numa igreja de negros, que o faz elogiar o lirismo dos negros e a maneira como eles acolheram seu entendimento de progresso moral, sua representação do problema da raça é diretamente moldada por suas considerações em torno dos princípios da geologia (e da noção de melhoria e gradualismo que embasou sua teoria das formações geológicas). Como atesta o índice do livro, ele não vê diferença nos cruzamentos entre estratos sociais e geológicos no que se refere à linguagem de propriedade e de possiblidade, esteja ele se referindo a objetos fósseis ou a negros.

Sobre a questão da emancipação, Lyell cita um abolicionista do Norte, ponderando que, se a emancipação não fosse concedida, a população negra cresceria a ponto de superar a branca. Ele diz: "Mas não seria o progresso dos brancos adiado, e nossa raça, deteriorada, quase na mesma proporção em que os negros se beneficiariam? Por que não considerar os interesses da raça branca e acelerar a abolição da escravatura? Os brancos constituem quase seis sétimos de toda a população. Como filantropo, o indivíduo está fadado a buscar o melhor para as duas raças coletivamente".[26] Mais de cem anos depois, na Cambridge University Union, James Baldwin debate com o autor conservador de direita William F. Buckley sobre um tópico que é tanto filho dessa questão do progresso dos brancos quanto sua inversão: "O Sonho Americano foi alcançado à custa do Negro Americano?". Em sua fala, Baldwin expõe as hipocrisias do liberalismo e destrói a noção de que se possa falar em progresso quando um nono da população está excluído. Perto do fim de sua intervenção, Baldwin declarou que até que

25 C. Lyell, op. cit., p. 95.
26 Ibid., p. 101.

se fosse aceito o fato de que "Não estou sob a tutela da América", sujeito a pena e caridade, mas, em vez disso, "sou uma das pessoas que construíram o país – até que chegue esse momento [de reconhecimento], há muito pouca esperança para o sonho americano".[xv] Aquilo que Lyell trata como uma questão de progresso, como um sistema de realidade produzido através de uma formulação geológica temporal, Baldwin segue contestando um século mais tarde.

Lyell reconhece explicitamente o trabalho social das formações temporais quando diz: "Inspirá-los com uma aptidão pelo avanço rápido deve ser a tarefa do tempo – o resultado das melhorias levadas adiante através de várias gerações sucessivas. *Tempo é justamente a condição* que os defensores da libertação imediata dos negros jamais concederiam em quantidade suficiente".[27] Empregando a noção de "Seta do Tempo" (mais tarde tornada célebre por outro geólogo, Stephen Jay Gould), Lyell faz a simbólica oferta de tempo e de suas possibilidades para a liberdade e então reprime essa possibilidade através de uma exigência geracional, de modo que a Negritude esteja sempre atrasada no tempo e, portanto, nunca completamente atual e humana. Wright sugere que "a tendência de fazer uma leitura equivocada dessa Negritude como um 'o que' [e não um quem] impõe ainda mais a fixidez, de modo que a Negritude, enquanto um 'o que' vagamente biológico, assume uma semelhança misteriosa com os discursos antinegros que primeiro argumentaram que os negros eram de fato um 'o que' – uma subespécie distinta 'marcada pela natureza', conforme opinou Jefferson".[28] O "o que" da Negritude era produzido através do léxico do

27 C. Lyell, op. cit., p. 191-192, grifo meu.
28 M. Wright, *Physics of Blackness: Beyond the Middle Passage Epistemology* [Física da Negritude: para além da epistemologia da Passagem do Meio], 2015, p. 25.

inumano. Somente o tempo geológico, de acordo com Lyell, permitiria a transformação do que em quem.

Como se em resposta ao legado do pensamento de Lyell e suas múltiplas manifestações ao longo das gerações da era Jim Crow,[29] Baldwin, no documentário *The Price of the Ticket* [O preço da entrada], de 1989, questiona a ideia de que o progresso racial "leva tempo". Baldwin diz: "Você quer que eu me reconcilie com o quê? Eu nasci aqui há quase sessenta anos, não vou viver outros sessenta, você sempre me diz que leva tempo. Levou o tempo de meu pai, o tempo de minha mãe, de meu tio, o tempo de meu irmão e de minha irmã, o tempo de minha sobrinha e de meu sobrinho, quanto tempo mais você quer para seu progresso?". A rispidez com que Baldwin cospe a palavra progresso penetra até os ossos. Já Nina Simone canta, em "Mississippi Goddam" (1964), em reação ao assassinato de Medgar Evans e à explosão de uma bomba na Igreja Batista da 16th Street, em Birmingham, no Alabama, que matou quatro crianças negras:

Too slow
Keep on sayin' go slow
(...)
Do things gradually
(Do it slow)
But bring more tragedy
(Do it slow)
Why don't you see it
Why don't you feel it
I don't know

29 Período em que vigoraram as leis de segregação racial promulgadas por estados do sul dos Estados Unidos após a libertação dos escravizados no país. (N.T.)

I don't know
You don't have to live next to me
Just give me my equality[30]

Conforme argumenta Mbembe, "A noção de raça permitia representar as humanidades não europeias como se tivessem sido tocadas por um ser inferior. Seriam o reflexo depauperado do homem ideal, de quem estariam separadas por um intervalo de tempo intransponível, uma diferença praticamente insuperável".[31] Permanecem confinados, então, a um atraso em tornar-se suficientemente humanos em relação ao sujeito humanista ideal (branco). A espacialização do tempo ao longo de uma linha vertical é usada como mecanismo para negar direitos jurídicos, de tal modo que a Branquitude se torna para um indivíduo a conquista da identidade temporal no tempo geológico.

Um horizonte geo-histórico é estabelecido pressupondo delimitar o que precisa ser explicado acerca da escravidão, no qual questões de raça e possibilidade são apresentadas como se se diferenciassem no tempo de modo autoevidente, a fim de justificar a sujeição e a desapropriação material (do parentesco íntimo e das relações sexuais até a posse de terras). As especulações fantasiosas de Lyell revelam o modo como os alicerces geológicos nos âmbitos da propriedade, do paternalismo e da economia moral estabelecem métodos de subjetificação como se estivessem completamente sedimentados nas rochas profundas da geologia e em sua categorização de objetos

30 "Devagar demais/ Vivem dizendo, vá devagar/ (...) Fazer as coisas gradualmente/ devagar/ causaria mais tragédia/ devagar/ Por que você não vê?/ Por que você não sente?/ Não sei/ não sei/ Você não precisa morar perto de mim/ apenas me dê minha igualdade!".
31 A. Mbembe, op. cit., p.17.

fósseis no tempo. A figura do negro é o sujeito substantivo dessa historicização que figura a questão da raça dentro e através das classificações geológicas e de seus métodos descritivos de *pré*-configuração extrativa. A construção do humano como tal, no que se refere às origens, é dividida ao longo de estratos geológicos em "Branco" e "Negro" como parte do discurso que diferencia raça e tempo, no qual a Branquitude sinaliza a chegada, e a Negritude o atraso. Lyell diz:

> Não estou nem um pouco inclinado a pressupor que as habilidades naturais dos negros, que sempre me pareceram uma raça amigável, gentil e inofensiva, não possam ser iguais do ponto de vista moral e intelectual às dos europeus, desde que à população de cor sejam concedidas as mesmas circunstâncias igualmente favoráveis para o desenvolvimento. No entanto, seria utópico esperar que, sob qualquer sistema imaginável, essa raça pudesse subitamente adquirir tanta energia e rapidamente se tornar tão avançada quanto os anglo-saxões.[32]

Quando Lyell tenta justificar essa lacuna carcerária no tempo, ele cria uma distinção categórica transcendental ao longo de gerações na qual os princípios teleológicos do pensamento passam a incluir uma pressuposição do "inimaginável" como um princípio. Mesmo assim, há um pequeno deslize nessa descrição da aquisição inimaginável da "tanta energia" que permite um avanço, pois ela nomeia o roubo de energia que é a escravidão como a propulsora da conquista evolucionária branca. Na qualidade de quem lentamente se rendeu à ideia

32 C. Lyell, *Travels in North America* [Viagens pela América do Norte], 1845, p. 191.

da transmutação das espécies por meio do conceito da seleção natural de Darwin, Lyell suspeitava da possibilidade de mudança, preferindo ver as relações entre as raças (como ocorre na geologia) como algo definido pela transformação gradual e pelo impacto de condições favoráveis (entendidas por ele como sociais e também climáticas). A geologia se torna uma forma de enquadrar o desenrolar do avanço da teleologia liberal. Diz ele:

> Eles não podem se fundir de imediato à massa como um todo e se amalgamar aos brancos, pois a cor ainda permanece sendo uma insígnia da servidão anterior, então eles continuam, depois da remoção dos grilhões, a formar uma casta separada e inferior. A duração desse estado de coisas deve depender de suas habilidades naturais, morais, intelectuais e físicas; mas, se nesses aspectos eles forem iguais aos brancos, devem em algum momento se tornar a raça dominante, uma vez que o clima do sul, mais compatível com suas características, lhes daria uma vantagem definitiva.[33]

De acordo com a lógica de Lyell, a Negritude era um monolito separado da Branquitude por meio de metáforas relacionadas ao valor, que eram complexificadas por interpretações do determinismo biológico mediado pelo clima (como um construto racializado). Mais uma vez, há um deslize entre a categorização de propriedade e seus efeitos e o papel das propriedades "naturais" que determinam (no entender de Lyell) as possibilidades ambientais da evolução e, assim, um risco para a sociedade branca. A violência epistêmica é duplamente encenada: "ela

33 Ibid., p. 193.

atinge gerações de formações sociais tanto ao longo do tempo (trans-históricas e memoriais) quanto no tempo (históricas e materiais)".[34] Os comentários de Lyell revelam as infraestruturas afetivas que transitam sob a razão científica, a qual privilegia a tranquilidade ("ansiedade") branca em detrimento da dor negra:

> Se o homem branco nunca tivesse se interposto para transplantar o negro para o Novo Mundo, os mais ferrenhos defensores das liberdades da raça de cor teriam admitido que a África conferia espaço suficiente para seu desenvolvimento. Nem em seu novo país nem no país de origem, seja em condição de escravidão ou de liberdade, eles alguma vez exibiram qualidades e virtudes tão superiores a ponto de nos deixar *ansiosos*.[35]

Ainda que as opiniões de Lyell repliquem mais do que esclareçam qualquer afastamento da norma no debate sobre a escravidão, o que é importante observar é o modo como sua argumentação se baseia numa noção linear de tempo[36] que está incrustada num mito biopolítico que aplica o pensamento estratigráfico a ideias sobre o progresso cultural e biológico. Essa noção de progresso é usada de modo inverso para justificar e minimizar o efeito da migração forçada e das escravizações de africanos nas Américas. Lyell explicita, em sua discussão sobre escravidão e em outras que permeiam suas notas sobre rochas e recursos minerais, *a maneira como* a geologia opera como o suplemento racial da narrativa do progresso. Essa suplemen-

34 H. J. Spillers, op. cit.
35 C. Lyell, op. cit., p. 195, grifo meu.
36 M. Wright, op. cit., p. 37.

taridade racial da geologia não é apenas um arranjo material na ordem das coisas, mas realiza o trabalho psíquico de proteger a ansiedade branca de modo que o reconhecimento da condição completamente humana seja adiado (permanecendo, assim, totalmente explorável). A ansiedade de Lyell vista pelo avesso mostra que aquilo que permite a autorrealização (ou a tranquilidade) branca é a escravidão.

Spillers escreve que "valores materiais engendram valores simbólicos e discursivos (e vice-versa) em perfeita harmonia sinedóquica".[37] A inclusão do escravizado nos ordenamentos geológicos demonstra a codificação racial da vida política (*bios*) na escravidão, por meio das categorias de matéria e de suas propriedades, antes que ela se torne ideologicamente sedimentada num discurso de biologia racializada. Ainda assim, há uma disjunção biopolítica entre a descrição geológica e seus afetos corpóreos que produz uma materialidade impolítica monstruosa, pois o tempo geológico fornece o contexto para a formação do sujeito biocêntrico privilegiado. A organização e a categorização da materialidade realizam uma práxis de colonialismo ou uma taxonomia de raça que produz lógicas raciais que se estendem através e além da mineralogia e de suas extrações. A ancestralidade dos seres humanos não deve ser sempre e inteiramente fundida ao trabalho de desenvolvimento da espécie, mas as origens da filiação humano-animal são parte da história que enquadra o desenvolvimento tanto das ciências geológicas quanto biológicas. O contexto da escravidão e as práticas da geologia como ciência extrativista fornecem um tecido comum constitutivo ao projeto colonial e aos projetos de descrição tanto da terra quando do "lugar" de diferentes humanos nela. Ou seja, percepções de formações

37 H. J. Spillers, op. cit.

sociais e organizações geológicas são interconectadas por práticas e conjuntos de ideias e ideais.

No contexto da promoção da narrativa da espécie como significando a sobrevivência de todos no Antropoceno, esse universal confortável e "inocente" do realismo geológico reforça a ideia da matéria como algo independente de suas linguagens descritivas, em vez de um dispositivo estruturante de propriedade e propriedades. Assim, ele replica as divisões políticas e raciais da matéria mesmo quando as oculta. A geologia enquanto modo colonial de classificação sustenta o Antropoceno, seja qual for sua história de origem colonialista usada como momento de originação. Se estamos vendo o Antropoceno se voltar à noção de espécie como uma forma de tentar salvá-la – num modo recuperativo –, isso literalmente exige uma escrita da rocha (isto é, a via de um modo de subjetividade geologicamente estabelecido) para atingir a reformulação do humano em espécie via época geológica. Para atingir esse ideal do antropo como sujeito universal, o humano precisa passar a ser tanto abstraído (de suas formas anteriores de humanismo excludente) quanto já povoado na forma do sujeito-mestre branco ocidental que Sylvia Wynter chama de o "Homem Super-Representado".

A geologia é um mecanismo de poder e de política estatal que possui menor resolução, ou cuja operação subjetiva é mais subterrânea do que uma biopolítica mais performativa, mas, apesar disso, ela continua a ser repressiva em suas qualidades de extração e sedimenta o Estado de ocupação colonial. Essa práxis extrativista estabelece uma relação instrumental com terras, ecologia e pessoas. Se as relações geossociais do Novo e do Velho Mundo forem postas diante de suas formações raciais, o nómos racial do colonialismo de ocupação branco pode ser visto em ação na infrapolítica das relações geológicas. A raça e sua marcação com a noção geológica de inumano perturbam as fronteiras supostamente "naturais" da matéria na classificação do humano/inumano, desestabilizando os dois termos. Ainda que reconheçamos práticas materiais geológicas (extração de petróleo e de minérios) como explicitamente vinculadas ao âmbito do político, a declarada inocência de atos descritivos e suas inscrições históricas nos corpos e nas geografias passam incólumes pela crítica. A Negritude escancara essa "cena de sujeição"[38] a suas falhas geológicas históricas, mas ela também afeta essas geoforças no presente, no "agora" da Negritude e na maneira como ela é convocada à tempestade das mudanças ambientais. A corporeidade é sempre estabelecida como uma forma de territorialidade sobre e através de sujeitos negros, desde a escravidão até o persistente racismo ambiental, de modo que a Negritude se torna algo que se poderia chamar de uma *ontologia sem território*.

A compra e a extensão do *impulso* territorial (de conquistar terras para a extração de recursos e de organizar formas de trabalho para mobilizar tal extração, enquanto ao mesmo tempo rompem-se os vínculos e a conexão com o território dos povos escravizados) sobre sujeitos organizam o duplo excesso do colonialismo. Para sujeitos negros, a corporeidade não foi estabelecida na zona da ontologia, mas prenunciada na zona de território e em suas gramáticas de extração. Intervir no nível da narrativa não é apenas um redirecionamento de sentido e de política – estética política –, mas um reconhecimento do modo como essas forças narrativas moldam as possibilidades de práxis na extração contemporânea. É uma tática para garantir um território no presente contra a reafirmação dessa posse histórica e das formas como as propriedades

38 S. Hartman, op. cit.

são forjadas e comercializadas como fungíveis em processos de valorização que tornam possível sua troca. Portanto, qualquer tentativa de estabelecer uma universalidade antropocênica não seria uma questão de reorganização no nível ontológico, ou o que poderia ser chamado de desejo por uma *salvação ontológica*, isto é, a ideia de que uma nova formação ontológica que inclua sujeitos situados diferentemente alterará os termos do acordo. A própria "matéria" do impulso territorial que constituiu materialmente o Antropoceno é antinegritude; é a matéria racializada que traz ao mundo o Antropoceno como um evento geológico, através da mineração, das *plantations*, das estradas de ferro, do trabalho e da energia. Se, por um lado, a Negritude é a energia e a carne do Antropoceno, por outro, ela é excluída da riqueza de sua acumulação. De fato, a Negritude deve absorver a sobra desse excedente na forma de toxicidade, poluição e intensificação das intempéries. De novo e de novo.

A DIVISÃO DA MATÉRIA E DA VIDA GEOLÓGICA

Entrecruzar a cesura entre o humano e o inumano/desumano é uma maneira de falar sobre as formas e contextos históricos da racialização da matéria. A organização e a categorização da matéria produzem racialização. Essa produção é geradora de uma lógica racial que se expande através e além da mineralogia e da desterritorialização que acompanha a extração. A geologia fornece a lógica para omitir esses vínculos com a geografia através de seu sistema de classificação de valores e recursos. Enquanto a busca por recursos geológicos instigava o imperativo da escravização, a geologia logo se estabeleceu como uma ciência imperial que tanto organizou a extração das Américas quanto, no contexto da continuação do colonialismo no período vitoriano, tornou-se uma prioridade estruturante no complexo colonial, em especial na Índia, no Canadá e na Austrália. Esses territórios foram dispostos *como* recursos materiais e mercados para o Império, e as práticas geológicas estabelecidas nessas colônias continuam a sustentar processos atuais de extração neocolonial do Canadá e da Austrália por todo o mundo (o Canadá, por exemplo, possui a maior empresa mineradora nacional do mundo). A posse de estratos e da bifurcação superfície-subsuperfície na Austrália e no Canadá pela Coroa continua a desestabilizar direitos da população nativa e terras de reserva. Assim, a lógica classificatória da geologia tem implicações para o colonialismo atual.

A classificação geológica permitiu a transformação do território num mapa de recursos legível e organizou a realização da extração, assim como a designação dos territórios onde a extração ocorreria. A geologia foi a ciência da desapropriação material, mas também uma tecnologia social de naturalização. A motivação do colonialismo foi um projeto de extração. A consequência dessa formação do materialismo inumano foi a organização da lógica racializante que mapeia e institui a formação dos territórios e dos sujeitos passíveis de extração. Embora a criticada noção de determinismo ambiental dos continentes tenha fornecido a base para explicações da classificação das raças e sedimentado a raça no âmbito da climatologia, as rochas escaparam de ser entendidas como parte da determinação das raças. Houve uma divisão material entre clima e terra feita através de uma relação de propriedade. A noção ideológica de determinismo ambiental é historicamente simultânea à classificação das rochas, mas em vez de cimentar a relação entre natureza e raça, a geologia é usada para separar uma raça (Negritude) do terreno mineralógico enquanto enriquece outra (Branquitude) através da descrição e divisão da matéria num signo e num sistema de contenção. Corpos se tornam ouro, esvaziados do signo do humano, reinvestidos com a significação de unidades de energia e propriedades de extração. Faz-se do negro uma matéria sem vontade, um objeto, uma mercadoria, de trabalho. Isso é o que Hartman chama de "faca de dois gumes da agência", na qual a aceitação no gênero do humano só é ofertada como uma inscrição adicional nos termos do trabalho e seus modos de subjetividade. A geologia se torna, então, um espaçamento na imaginação que é usado para separar formas do humano em modos aceitáveis de troca e circulação. Esse é o geotrauma de um bilhão de Antropocenos negros. Se as relações geológicas devem ser investigadas, um questionamento radical precisa manter-se traumático tal qual sua existência.

Este capítulo se concentrou nas transações entre geologia e escravidão vistas como um intercâmbio de modos de produção e sujeição organizado em torno da gramática do inumano. Em vez de evitar esse código geológico, a Po*ética* Negra (empregando o termo de Silva) intensificou esse laço como uma forma de libertação de sua servidão e para redefinir tanto a subjetividade negra quanto a materialidade "inerte". Em seu poema "Coal" [Carvão],[39] Audre Lorde revisita a biologia essencializadora da matéria no contexto da linguagem como uma matéria-economia estruturante, usando a Negritude do carvão e sua forma idealizada (diamantes) como uma transmutação antagônica:[40]

39 A. Lorde, "Coal" [Carvão], 1996, p. 6.

40 S. Dhairyam, "'Artifacts for Survival': Remapping the Contours of Poetry with Audre Lorde" ['Artefatos para sobreviver': redesenhando os contornos da poesia com Audre Lorde], *Feminist Studies*, 2017; A. P. Gumbs, "Coal: Black Matter Oracle" [Carvão: oráculo da matéria negra], *The Black Scholar*, 2017.

Eu
É o preto total, que fala às alturas
Do interior da terra.
São muitas as formas de fissuras.
Como um diamante nasce no coração da chama
Como uma palavra nasce no meio do som, colorida
Por quem paga o quê por falar.

Afastando-se do sujeito branco privilegiado da vida biopolítica, o "Eu" ao qual Lorde associa sua intimidade é aliado da terra inumana. "Eu/ É o preto total" resiste à subjetificação autônoma e individualizada da Branquitude e recusa o inumano codificado como propriedade para abraçar, ao invés, o sujeito coletivo da Negritude que havia sido agrupado sob as categorias da terra. Como reforça Glissant, "nós nos conhecemos na multidão, no desconhecido que não aterroriza. Nós gritamos o grito da poesia. Nossas barcas estão abertas, nós as navegamos em nome de todos".[41] Alterando os termos da participação nos modelos humanistas que nasceram em uma cena de antinegritude, Lorde oferece uma outra "fissura" que faz da filiação da Negritude à terra algo em comum. Dando novo poder a essa designação inumana através das rochas, falando das entranhas da terra, no contexto de sua extração, ela faz a pergunta crucial da geração de valor a partir dos corpos e rochas negras: *quem paga o quê por falar*? Na resistência corajosa de uma certa vida inumana, a poesia e as práticas espaciais "replantam" (nos termos de Wynter) o lugar, marcam outra relação inumana possível que não replica os confinamentos da gramática colonial. Transmutação, metamorfoses e ideais assombram a grafia e as geologias da

41 E. Glissant, *Poética da Relação*. Tradução de Marcela Vieira e Eduardo Jorge de Oliveira. Rio de Janeiro: Bazar do Tempo, 2021, p. 33.

tradição radical negra. No próximo capítulo, volto-me a essa intimidade com o inumano como uma aliança com a liberdade na matéria e na marronagem das terras impostas para pensar sobre uma liberdade na terra, fora e contra o mundo do sujeito humanista "dado" (e seu espaço-tempo).

CAPÍTULO 4

GEOLOGIA INSURGENTE: UM BILHÃO DE ANTROPOCENOS NEGROS AGORA

Se aceitarmos, assim, que uma estética é uma arte de conceber, de imaginar, de agir, o Outro do pensamento é a estética implementada por mim, por você, para juntar-se a uma dinâmica na qual concorrer. É a parte que me cabe da estética do caos (...).

ÉDOUARD GLISSANT[1]

Contando com sua própria teoria, a teoria do nada, ela abriu o mundo. Em todas as cidades do Velho Mundo, errante de Marie Ursule pelo Novo mundo são reais e quiméricas (...) E vagam como se não tivessem século, como se pudessem tecer o tempo (...) bússolas cujas direções se inclinam, escorregam em mapas conhecidos. (...) Eles são ossudos de esperança, musculosos com a possessão da tristeza.

DIONNE BRAND[2]

1 E. Glissant, *Poética da Relação*. Tradução de Marcela Vieira e Eduardo Jorge de Oliveira. Rio de Janeiro: Bazar do Tempo, 2021, p. 186.

2 D. Brand, *Um mapa para a porta do não retorno: notas sobre pertencimento*. Tradução de Jess Oliveira. Rio de Janeiro: A Bolha, 2022, p. 232, 239 e 241.

A GEOFÍSICA NEGRA E A GEOESTÉTICA "IMPENSADA" DA TERRA

Inspirado pelo trabalho de acadêmicas negras feministas – a poesia de Dionne Brand sobre "revelar-se uma mulher que esmaga pedras", as ideias de Sylvia Wynter em *Metamorfose negra* sobre "os sentidos teorizadores" e a "estética silenciosa" de Tina Campt –, este capítulo desenha o percurso de uma geofísica negra esculpida nos índices de fungibilidade e de fugitividade, uma estética criada no terreno provisório da escravidão e de suas contínuas sobrevidas. A partir de três cenas em fuga – o par de filmes de Steve McQueen *Carib's Leap* [O salto dos Caraíbas]/*Western Deep* (2002); a imagem de uma mulher escravizada pulando de uma janela, mas suspensa em um campo gravitacional diferente, em exibição no Museu Nacional de História e Cultura Afro-Americana, em Washington, D.C.; e a personagem Marie Ursule, de Brand, no romance *At the full and change of the moon* [Na virada da lua cheia] –, me dirijo ao trânsito entre as categorias do inumano na Geologia Branca da escravidão transatlântica e em seu presente antropocênico. Essas imagens e a poesia de rochas de Brand insistem no que Campt chama de futuridade por meio da noção de "tempo da ação" a fim de oferecer uma possibilidade anterior que atravessa a colonialidade como uma contraestética, recusando o inumano em seu estado codificado como propriedade. Na verdade, as intimidades com o inumano forjadas através de "uma estética do caos" são retrabalhadas em novas gramáticas poéticas para criar uma geologia insurgente de pertencimento, a qual recusa a captura por forças geológicas e redireciona suas forças não estratificadas como um senso de possibilidade. Estas, que Campt chama de "ações silenciosas", podem ser vistas como uma geofísica "impensada" da Geologia

Branca, que dá outro tempo de ação à relação de propriedade e propriedades que emergiram do buraco negro da escravidão, o que pode ser chamado de geofísica negra da "*trans*plantação"[3] para um Novo Mundo.

Wynter utiliza o termo *trans*plantação para reconceitualizar o modo como os corpos negros reivindicaram um direito à geografia no âmbito dos limites carcerários da *plantation* e de sua realocação no outro lado do Atlântico. Ela argumenta que a cultura negra representava "um modo alternativo de pensamento, no qual a mente e os sentidos coexistiam, no qual a mente 'sente' e os sentidos se tornam teorizadores. E a cultura negra de então e de hoje continua a ser a cultura neopopular, neonativa, dos deslocados. Ela coexistiu e coexiste com o sistema 'racional' da *plantation*, e está em constante risco de destruição".[4] A ideia dos "sentidos teorizadores" evidencia a forma como modos de experiência são estabelecidos no âmbito dos sentidos enquanto formulação teórica de subjetividade criada no contexto da negação dessa subjetividade. Essa estética (ou afeto político) é profundamente política justamente porque se relaciona com a possibilidade de vida e sobrevivência sob condições de violência. Citando a forma como o blues e seu aspecto interminável, sem clímax ou final, estabeleceram um tempo fora da percepção europeia de tempo e fora do tempo da fábrica, o tempo do blues é considerado espaço e território subversivo de lugar; a criação do tempo dentro do espaço gera um território livre do trabalho escravizado, uma contrapoética, "subterraneamente subversiva de sua realidade aparente".[5] Isto é, "a cultura oral

3 S. Wynter, *Black Metamorphosis: New Natives in a New World* [Metamorfose negra: novos nativos em um novo mundo], s. d.
4 Ibid., p. 109.
5 Ibid., p. 218.

negra do Novo Mundo constituiu uma contraestética que era ao mesmo tempo uma contraética".[6] Esse pensar através dos sentidos atingiu "a mais difícil de todas as revoluções – *a transformação do estado psíquico do sentir*".[7]

A ESTÉTICA NEGRA NO FIM DO MUNDO

Na exibição de *Carib's Leap/Western Deep* (2002)[xvi] de Steve McQueen, dois filmes são exibidos paralelamente para contar a história de um ato suicida de fuga e resistência coletiva em Granada e a de uma mina de ouro atual[8] na África do Sul. É uma história interconectada de fugitividade e fungibilidade, de genocídio indígena e de corpos negros definidos pela propriedade do trabalho. O cenário de *Carib's Leap* é a Granada de 1651, onde os últimos indígenas caraíbas decidiram saltar para a morte em vez de se submeter aos invasores franceses. É um evento que dizem ter ocorrido em um penhasco na cidade de Sauteurs, atualmente conhecido como Carib's Leap [Salto dos Caraíbas]. Vemos os corpos sempre a meia altura, nunca saltando ou tocando o solo, mas suspensos, corpos em queda infinita, gentilmente envoltos pela atmosfera. Essas figuras desafiam a gravidade, como se flutuassem indefinidamente no céu, nunca se rendendo ao chão, visíveis ao lado da imagem de um barco balouçante chamado *Caliban* e das areias oscilantes da praia. *Western Deep* foi filmado na mina TauTona (ou Western Deep Poço 3) nos campos auríferos da bacia de Witwatersrand, perto de Joanesburgo, na

6 S. Wynter, op. cit., p. 141.
7 Ibid., p. 145, grifo no original.
8 A mina encerrou suas operações em 2018. (N.R.T.)

África do Sul. As minas Western Deep são propriedade da AngloGold Ashanti, parte do conglomerado minerador internacional anglo-americano, e a bacia abrigava 50% de todo o ouro já minerado na terra. As minas na bacia de Witwatersrand são as mais profundas do mundo, com quase 3,9 quilômetros subterrâneos, e representam o mais distante que corpos humanos avançam nas profundezas da terra. A mina emprega quase 5.600 mineiros, que viajam por uma hora ao longo do poço até a face da rocha, onde as temperaturas podem chegar a 60°C. Nas partes mais profundas das minas, a pressão sobre os mineiros é de 9.500 toneladas por metro quadrado, ou cerca de 920 vezes a pressão atmosférica normal. As condições podem impor graves consequências à saúde e pôr em risco a vida dos mineiros.

A câmera de McQueen desce o poço, entrando na terra, atravessando a poeira, no espaço confinado da gaiola, na escuridão quase absoluta, com um som que reverbera na concha de concreto do cinema vazio, penetrando a pele até os ossos. É o vazio negro da escuridão de onde nada parece emergir; então, há a marcação intermitente de uma luz piscando que permite um vislumbre da locação, no abismo, para logo nos lançar de volta a ele outra vez. Ouve-se o lamento do terrível e incessante barulho industrial, visceral a ponto de sacudir os nervos, impondo sua agressão extrema sobre o corpo. Uma vez de volta à superfície, os mineiros, usando shorts azuis, fazem exercícios, subindo e descendo exaustivamente de um banco, enquanto sirenes vermelhas ressoam acima de suas cabeças. O peso do corpo à beira do colapso, o olhar fora de foco por causa do vazio escuro, tudo comunica a morte em vida do trabalho e a gravidade de mais de três quilômetros de rocha sobre a carne. Estruturados em torno do tema da descida, sobre e sob o solo, os filmes abordam a geofísica da antinegritude: a autodestruição como sujeição cotidiana e a obstinada fuga coletiva. Unindo ouro e Negritude, passado e futuro, McQueen amarra o duplo efeito corpóreo da geologia enquanto desapropriação territorial e psíquica, um processo de antinegritude que abrange os dois momentos históricos, de 1651 a 2002. As figuras em ascensão e em queda de McQueen remetem às suas conexões bibliográficas com a ilha e com o personagem folclórico do africano voador que criou figuras fugindo do terror da escravidão por meio de uma mudança na geofísica. Os filmes de McQueen juntos nos dão os *representantes da geologia*; a escravidão expõe o espaço-tempo subterrâneo da geologia como um espaço psíquico e físico. Nesse sentido, a sensibilidade não significa apenas pensar exemplares de liberdade e de escravidão, mas uma prática de teorizar a maneira como certas condições arrancam e enterram possibilidades subjetivas no âmbito dessas gêneses gêmeas, possibilidades que estão infundidas com a individuação da subjetividade liberal e com a recusa coletiva dessa oferta, no que Glissant chama de "o consentimento de não ser um ser singular".

Recusando o caminho da autodestruição, seja por meio da persistência na violenta relação de propriedade, seja por meio do suicídio, "africanos voadores" (Snyder, 2015) foi um gênero que apresentou a possibilidade de "Abrir caminho a partir de caminho algum" (Museu Nacional de História e Cultura Afro-Americana), uma fungibilidade alternativa à fungibilidade absoluta de corpos negros como fronteira de extração. Essa "outra gravidade" pode ser pensada na análise que Tiffany King faz da fungibilidade negra como uma analítica espacial, na qual "a fungibilidade negra também atua como modo de crítica e prática de leitura alternativa que redirecionam linhas de investigação em torno de pressupostos e aspirações humanistas que levam a análise em direção à incorporação em categorias como trabalho/trabalhador".[9] King contesta a afirmação absoluta da fungibilidade do corpo negro e suas propriedades, deslocando o eixo de abordagem. Ela argumenta que "teorizar corpos negros como formas de fluxo ou espaço em processo, não como produtores, administradores e ocupantes humanos do espaço, possibilita ao menos uma reflexão momentânea sobre outros tipos (quase sempre esquecidos) de relacionamentos que corpos negros têm com plantas, objetos e formas de vida não humanas".[10] Abrir o estado de possibilidade às intrarrelações transformativas com outras formas de vida e não vida desestabiliza e redireciona as restrições das prescrições humanistas em torno do que constitui a vida e de como ela é constituída. Como sugere King, "a fungibilidade negra também pode operar como um espaço de adiamento ou de fuga das armadilhas atuais do humano".[11] Tomar a fungibilidade de volta das inscrições restritas da morte social negra abre e realinha a relação propriedade-propriedades para se dirigir às coordenadas de espaço-tempo que ainda não estão ocupadas pela central de comando: o Homem Colonial.

Em outro cenário de recusa, no romance *At the Full and Change of the Moon*,[12] de Brand, a personagem Marie Ursule, uma mulher escravizada na ilha de Trinidad em 1824, trama um suicídio coletivo como ato silencioso e desafiador de revolta (baseado num suicídio coletivo real de escravizados, ocorrido em 1802). Marie Ursule reúne os venenos, as vinhas poderosas, aprendizado oriundo das conexões forjadas com essa nova

9 T. L. King, "The Labor of (Re)reading Plantation Landscapes Fungibile(ly)" [O trabalho de (re)ler paisagens de plantações de forma fungível], *Antipode: A Radical Journal of Geography*, 2016, p. 1023.

10 Ibid., p. 1023.

11 Ibid., p. 1024.

12 D. Brand, *At the Full and Change of the Moon* [Na virada da lua cheia], 1999.

terra e suas ecologias, do que ouviu dos poucos caraíbas "deixados vivos na ilha depois da imensa e longa devastação de seu povo pelos europeus".[13] Fiel às suas plantas, "ela triturou as raízes até a doçura arrebatadora, raspou o tronco em busca daquele conhecimento inesperado".[14] Depois do suicídio coletivo, resta apenas Marie Ursule, à espera da morte pelas mãos de seu senhor, a fim de testemunhar o testemunho dele diante desse ato insolente de destruição da economia da fazenda. Sem tomar o veneno que havia preparado, para que pudesse mostrar a eles como os havia devastado, ela diz aos colonizadores "Isso não é nada perto do que já sofri"[15] enquanto é espancada, quebrada, amarrada e queimada. Depois de dois anos arrastando no pé uma argola de 4,5 quilos e da perda de uma das orelhas numa tentativa anterior de fuga, a rainha dos rebeldes devolve o terror ao ponto de origem: o senhor. Após o envenenamento coletivo da sociedade do Regimento de San Peur ("sem medo" em francês, "*sans peur*"), o fim de um mundo gera outro: o dos descendentes de Marie Ursule, rainha dos San Peur. Na manhã do suicídio, Marie Ursule manda embora a filha, Bola, e o romance acompanha sua diáspora caribenha por geografias da própria diáspora, das *plantations* à marronagem, ao longo dos séculos, até as ruas de Toronto e Amsterdã. Quando é feita a proclamação de Sir George Fitzgerald Hill, governador da colônia em 1833, para abolir a escravidão, Brand desbanca essa "notícia rancorosa" que chegou muito tarde e que confessa demais, sugerindo que "sua autoridade é superada pela autoridade do ato de Marie Ursule dez anos antes, quando ela despertou para o fim do mundo". [16]

13 D. Brand, op. cit., p. 2.
14 Ibid.
15 Ibid., p. 24.
16 Ibid., p. 51.

O Novo Mundo de Marie Ursule e sua genealogia de fragmentação, sua perambulação e desejo, são contados através dos filhos de Bola, cujas vidas na imensa fluidez da diáspora refletem a fluidez do ar, da matéria e das rochas. Marie Ursule é lembrada nos impulsos recolhidos nos ossos, em vidas que transbordam no novo mundo vindouro, "gestos pujantes de desapropriação".[17] Se por um lado a escravidão promovia o terror, nos termos de Hartman, "o terror era 'o cativeiro sem a possibilidade de fugir', a violência inescapável, a vida precária, não havia retorno a um tempo ou lugar anterior à escravidão, e ir além dela sem dúvida exigiria nada menos dramático do que mais uma revolução".[18] Tal revolução é afirmada na recusa de Marie Ursule em suas relações cotidianas com a flora e a vida geológica que formam uma alternativa, a qual recusa a constituição inumana da relação fungível através da fugitividade da desapropriação. O impossível se torna possível por meio de uma mudança nos intercâmbios da fungibilidade inumana. Sobrescrevendo a capacidade de "não-ser" na diáspora, a materialidade da linguagem em Brand estabelece a presentidade da Negritude e torna essa presentidade uma obrigação com a qual se contrapor a seu apagamento. Sua poesia expressa a fungibilidade do corpo negro como que inundada de mundo. A terra, o clima, o oceano, as marés e sua materialidade têm vida no trabalho e no mundo. É uma materialidade que atravessa a colonialidade como contraestética, uma poesia de rochas que conta uma história das rochas diferente.

A escrita de Brand encontra, assombra e roça outra imagem de uma mulher saltando, sonambulando, fugindo, suspensa entre a fungibilidade e a fugitividade. Uma mulher flutua diante de

17 D. Brand, op. cit., p. 20.

18 S. Hartman, *Perder a mãe: uma jornada pela rota atlântica da escravidão*. Tradução de José Luiz Pereira da Costa. Rio de Janeiro: Bazar do Tempo, 2021, p. 53.

THE "F" STREET TAVERN.

(From "A Portraiture of Domestic Slavery.")

uma janela numa imagem de 1817, vista no Museu Nacional de História e Cultura Afro-Americana. O texto diz que ela pulou da janela depois da venda do marido e que sobreviveu à queda. O vento bate e infla o vestido, mas ela não está caindo. Ela tem um campo gravitacional diferente que é mantido por uma mudança planetária quase imperceptível nas alianças da matéria: "O problema era a gravidade, e a solução era a gravidade".[19] Ela fugiu pela janela e também ainda não retornou à exposição de seu cativeiro através das forças que a devolveriam à terra. A imagem possui algo do que Campt chama de amplificação silenciosa "da ruptura e da recusa".[20] Na geofísica dessa imagem da mulher suspensa, a gravidade é tanto o problema quanto a solução, tornando-a invulnerável, suspensa no possível, à espera de um novo tempo de ação do ser. De um futuro diferente. Em outra era, durante a invasão americana de Granada, em 1983, outra mulher é empurrada para o conflito com o peso dessa gravidade histórica do colonialismo:

> Ela pula. Salta para longe de mim. Então decido contar os infinitos nomes de pedras. Rocha salto, muro coração, olho ferido, respiração parada, pedra corte, salto sangue, barro fundo, carvão morto, carvão fundo, nunca imundo, nunca para, areia alta, pó de osso, poeira seca, lama passarinho, lama peixe, lama palavra, pedra flor, coral água, coral coração, coral fôlego. (...)
> Ela voa rumo ao mar e no verde-esmeralda ela vê o mar, os olhos translúcidos, o dorso firme rumo a um lugar tão antigo que não existe memória de lá. Ela salta. Ela sente o sabor das próprias lágrimas e está leve e mortiça. Ela não

19 D. Brand, *Love Enough* [Amor suficiente], 2014, p. 157.
20 T. Campt, *Listening to Images* [Ouvindo imagens], 2017, p. 5.

> sente nada, a não ser o borbulhar de uma risada cada vez que respira. Seu corpo está tranquilo, tranquilo no ar. Seu corpo se afasta, é apenas uma linha, uma corrente elétrica, a luz do relâmpago depois de relampejar, um arco impecável na direção do profundo azul-turquesa. Ela não precisa de ar. Ela já está em outro lugar, menos tortuoso, menos corpulento.[21]

Nessas imagens de outra gravidade, o gravurista e a poeta buscaram, nos termos de Campt, "o tempo de ação da possibilidade ao qual os gramáticos se referem como futuro do presente composto ou *aquilo que terá tido de acontecer*".[22] Uma mulher espera, suspensa sobre a terra numa gravidade diferente. Na gramática da futuridade feminista negra, trata-se de

> uma performance de um futuro que ainda não aconteceu, mas deve acontecer. É um vínculo com a crença no que deveria ser verdadeiro, que nos impele a concretizar essa aspiração. É o poder para imaginar para além do fato atual e entrever o que não é, mas que deve ser. É uma política de prefiguração que envolve viver o futuro *agora* – um imperativo, não um subjuntivo – como uma busca pelo futuro que se quer ver, agora mesmo, no presente.[23]

Se a mulher que está fugindo pela janela recebe do gravurista uma rota de fuga em consonância com sua reivindicação pela posse do próprio corpo, sua sobrevivência é duplamente concedida numa gramática disruptiva da geologia; ela desfez suas

21 D. Brand, *In Another Place, Not Here* [Em outro lugar, não aqui], 1996, p. 241-242, 246-247.
22 T. Campt, op. cit., p. 17.
23 Ibid.

amarras utilizando a mesma linguagem da matéria que transformaria uma pessoa numa coisa, desafiando o peso de sua carne disposta na matéria da antinegritude.

Hartman pede que se preste atenção à maneira como a Negritude é aprisionada. Qualquer recurso à libertação desse cativeiro em momentos descritivos de transgressão, apresentados como exemplo de agência, deve ser tratado com cautela nas "trágicas continuidades entre escravidão e liberdade". Imaginar e representar cenas de "liberdade" no âmbito da escravidão, um tipo de superação esperançosa, nega o modo como a liberdade e seu aparato conceitual foram construídos sobre essa sujeição, com a escravidão decerto em mente. Ou seja, a humanidade nunca esteve disponível para toda a humanidade, e a liberdade era só para alguns, enquanto havia uma regulação estrutural (e uma reprodução literal) da escravidão para outros. Não há possibilidade de recuperação dos cativos ou dos capturados em termos de agência nessas posições e em seus legados na sobrevida da escravidão, pois nunca há a possibilidade de consentimento de que trata Hartman. O "Antropocenos negros ou nenhum" já está *a priori* anulado e cancelado. Chamar atenção a um bilhão de Antropocenos negros não é um veículo de visibilidade, para ver o lado obscuro da modernidade com maior clareza, porque ele já foi apagado e capturado no processo de apagamento.

Desse modo, "Negritude" e "Escravizado" podem ser adicionados ao inventário do diagrama que Lewis e Maslin fazem do intercâmbio no Novo Mundo como o *sub-* ou *sobre*texto da diferença racial e da extração, mas isso não faria nada para mudar o fato de que isso nunca foi intercâmbio sob qualquer ponto de vista imaginável, é apenas um "X" que marca a ausência dessa possibilidade. Escravidão e genocídio são o *arqui*texto em discussões sobre espécie e geologia, sua base empírica e sua âncora epistêmica. Outra forma de dizer isso é que a fuga do cativeiro só é possível dentro dos índices dessa gramática do cativeiro e de seus momentos intersticiais, nunca como idealização exterior a ela. A deformação da subjetividade inumana é feita de dentro da matéria, assim como o são sua recusa e sua estética de resistência. Isso significa, parafraseando Campt,[24] reler a recusa não necessariamente como "uma expressão inextricável de intenção e agência", mas como uma remodelagem muscular, com "ossos [que] revelam esperança" (Brand). A desestabilização do inumano enquanto categoria de escravidão e sua conversão num sentido atmosférico e ambiental e num "tempo de ação" geofísico reposicionam o "evento" numa ideia diferente de tempo, espaço e matéria, num ambiente afetivo criado através de categorias descritivas alteradas ou da estética do inumano.[25]

A inscrição colonial que sobrescreve o inumano como propriedade e propriedades e suas geologias paralelas de deslocamento são habilmente articuladas por Brand em *Land to Light on*,[26] escrito nas fissuras dessa razão geológica. Diz ela: "Escritos como natureza selvagem, madeira, níquel, água, carvão, rocha, pradaria, apagados como Athabasca, Algonquin, Salish, Inuit... encapuzados em Buxton, foragidos, Lealistas Negros de Preston, enviados de trem para a montanha de ouro, nadando até o *Komagata Maru*. (...) Ainda estamos avançando? Cada corpo submerso em sua terrível história. Quando chegaremos?".[27] Os lugares de Athabasca, Algonquin, Salish, Inuit se tornam "natureza selvagem", níquel, carvão, pradaria, mercadorias a serem extraídas. A comunidade Buxton de negros canadenses em

24 T. Campt, op. cit., p. 59.
25 Ibid., 2017.
26 D. Brand, *Land to Light on* [Terra para iluminar], 1997.
27 Ibid., p. 77.

Ontário, descendentes de escravizados libertos e fugitivos que escapavam pelos túneis da Underground Railroad; a "montanha de ouro" na divisa continental entre British Columbia e Alberta, onde imigrantes chineses mineravam ouro; os lealistas negros em Preston e suas ondas de remoção pelos britânicos; maroons da Jamaica deportados para a Nova Escócia, recebendo menos terras do que os brancos nas medições para trabalharem como meeiros; o navio *Komagata Maru*, que transportou súditos britânicos de Punjab, na Índia Britânica, para o Canadá, súditos que tiveram a entrada no país recusada pelas leis de exclusão racistas canadenses; as ondas e ondas de não chegada e a incerteza que nunca pode afirmar com segurança "você está Aqui" e, assim, confirmar seu lugar no universo. Essa "arqueologia insuportável"[28] dos códigos geológicos de desapropriação viaja no tempo até chegar ao impulso racista do policial branco que aborda três amigos no meio de uma nevasca no caminho para Buxton. Essas histórias materiais sedimentam e chegam no agora como um desafio contínuo à presença no contexto de apagamento. Elas chegam na forma de uma geofísica do sentido.

Em *Listening to Images*,[29] Campt elabora a ideia de "tempo de ação" como uma força afetiva da política, fazendo um movimento em direção a uma possibilidade teórica diferente através da desestabilização do modo de encontro, ouvindo em vez de ver o que soa silenciosamente, borrando a autoridade do código visual. Ela reorganiza o sentido estético do engajamento afastando-se da leitura dominante de imagens como elementos visuais a fim de atenuar tanto a atenção quanto um modo de ler a resistência através do tempo de ação (a postura e a bravura

28 D. Brand, op. cit., p. 73.
29 T. Campt, *Listening to Images* [Ouvindo imagens], 2017.

dos corpos negros). O trabalho de Campt sobre os registros silenciosos de significado capturado pela fotografia identifica tendências subterrâneas nas quais podemos ler "possibilidades indiretamente (...) ínfimas fissuras e fendas, quase sempre minúsculas, no que parece ser a teia inescapável da captura" nos "termos e tempos de ação da gramática",[30] tendências que correm por baixo de raciocínios voltados à superfície. Ela defende que o futuro pode ser concebido em termos de atos e movimentos políticos, mas "acredito que devemos não apenas olhar, mas também ouvir em outros lugares menos prováveis... em alguns dos arquivos menos celebrados, muitas vezes mais descartáveis". Ou seja, descentralizar a lógica eurocêntrica não é apenas um exercício teórico de descolonização, mas um realinhamento de sentido através de infraestruturas afetivas, uma materiação afetiva no discurso de materialidade e seus mundos. Diz Campt:

> Futuridade não é, para mim, uma questão de "esperança" – embora ela certa e inescapavelmente se entrelace com a ideia de aspiração. Para mim, é crucial pensar sobre a futuridade por meio de uma noção de "tempo da ação". Qual é o "tempo da ação" de um futuro negro feminista? É um tempo de ação de anterioridade, um relacionamento tenso com uma ideia de possibilidade que não é nem inocente nem ingênuo. Tampouco é necessariamente heroico ou intencional. É muitas vezes modesto e estratégico, sutil e criterioso. É sinuoso e rigoroso. Nem sempre é ruidoso e exigente. Costuma ser silencioso e flexível, obstinado e disruptivo.[31]

30 Ibid., p. 16.
31 Ibid., p. 17.

O entendimento de Campt sobre os novos arranjos de sentido, contraintuitivos em relação ao fluxo direcional de leituras que acontecem no arcabouço intelectual do liberalismo ocidental, realiza um redirecionamento axiológico de sentido rumo a novas possibilidades teóricas (possibilidades afetivas dentro dos espaços restritos do cotidiano, em vez de em seu exterior). Reiterando o chamado de Wynter para considerar os sentidos como teorizadores, isso desestabiliza o sentido e o posiciona em novas formações que têm uma carga política justamente por serem uma força subterrânea que viaja sob e através de tecnologias coloniais de espaço e tempo. A delicada habilidade do gravurista está em não submeter a mulher ao campo gravitacional, dar a ela, ou melhor, deixá-la reivindicar, uma outra geofísica do ser que não a sujeite a uma geo-lógica "inevitável" de sua posição material e simbólica designada (uma posição que ela já reivindicou para si em seu salto). A Geologia Branca oferece uma geofísica de antinegritude, mas a mulher negra suspensa na contragravidade expande as dimensões da força geológica por meio de um tempo de ação diferente de possibilidade e de relação com a terra. Em vez de ser enquadrada na "problemática genealogia da liberdade" que forjou a imaginação liberal através de "entrelaçamentos de servidão e liberdade",[32] ela participa de uma fissura gravitacional, nos termos de Césaire, "feita à altura do mundo".[33]

No léxico da geologia que se apossa de pessoas e lugares, delimitando a organização da existência, a recusa desse cativeiro cria comuns à exata medida do mundo, e não na universalidade excludente do sujeito humanista. Penso em toda a pedregosidade involuntária[xvii] que tenho lido nestes últimos tempos nas literaturas de escravidão e suas sobrevidas, frágeis rochas e ossos

32 S. Hartman, op. cit., p.297.
33 A. Césaire, op. cit., p. 205.

quebrados aproximados à força nas minas; no corte da cana nas *plantations*; na pedregosidade de corpos que contrariam a imaginação de uma vida negra como signo vazio de propriedade que os situou na condição de receptáculo para o desejo e a violência brancos (ver Hartman); na persistência de uma paciência pedregosa que não se esquece do amor. Em vez disso, essa poesia de rocha descobre que o amor está no oceânico da terra. Brand imagina escravizados nos imensos navios, cujo giro do pescoço e da ponta do barco revela por um instante o horizonte, "eles se movimentando na direção do próprio osso (...) 'então graças a deus pelo oceano e pelo céu, todos envolvidos, todos indiferentes', eles devem ter dito, 'ou não haveria nada para se amar'".[34] Murmurando, na merda do porão e no topo das ondas, "destituídos de tudo, nus como alga marinha, eles teriam ficado e afundado, mas não, o céu era uma passagem, uma fome e um abrigo". Na matéria do mundo, encontra-se a recusa em ser delimitado, e na marronagem, um lar; "eles vagueiam como se não pertencessem a nenhum século, como se pudessem driblar o tempo (...) bússolas cujas direções oscilam, escapam dos mapas conhecidos".[35]

A recusa pode ser entendida nos termos da amizade do "Não" que Maurice Blanchot situa na resistência à tortura e à opressão (talvez influenciado pela própria experiência diante de um pelotão de fuzilamento) – uma recusa que afirma a quebra ou a ruptura com uma lógica e uma razão inaceitáveis:

> O que nós recusamos não é desprovido de valor ou importância. É justamente por isso que a recusa é necessária. Há um tipo de razão que não mais aceitaremos, há uma aparente sabedoria que nos horroriza, há uma oferta de

34 D. Brand, op. cit., p. 46.
35 Ibid.

> concordância e de acordo que não mais ouviremos. Houve uma ruptura. Chegamos à franqueza que não mais tolera a cumplicidade. Quando nos recusamos, nós o fazemos com um movimento livre de desprezo e exaltação, um que seja o mais anônimo possível, pois o poder da recusa não se conquista nem por nós nem em nosso nome, mas a partir de um início muito precário que pertence antes de tudo àqueles que não são capazes de falar (...) a recusa nunca é fácil, é preciso aprender a recusar e a manter intacto esse poder de recusa através do rigor do pensamento e da modéstia de expressão que cada uma de nossas afirmações deve evidenciar de agora em diante.[36]

Alterando a inclinação do eixo de engajamento numa ótica e intimidade geológicas, o inumano pode ser reivindicado como um tipo diferente de recurso em relação à sua forma colonial proprietária – uma força gravitacional tão extravagante que desafia a gravidade.

Forjar uma nova linguagem para a geologia deve fornecer um léxico capaz de desmontar o Antropoceno, uma poesia capaz de remodelar uma nova época, uma nova geologia que trate da racialização da matéria (ver Silva).[37] Voltar-se para a estética crítica negra não é uma tentativa de reformular o Antropoceno, dando-lhe um cenário diferente através de ontologias negras, ontologias sem territórios, mas de localizar de modo mais preciso a forma como a práxis dessa estética, forjada como foi no contexto de intimidades inumanas inerentemente antinegras (constituídas de geografias materiais

36 Maurice Blanchot, *Friendship* [Amizade], [1971] 1997, p. 111-112.

37 D. F. Silva, "–1 (life) ÷ 0 (blackness) = ∞ – ∞ or ∞ / ∞: On Matter beyond the Equation of Value" [–1 (vida) ÷ 0 (negritude) = ∞ – ∞ ou ∞ / ∞: sobre a matéria além da equação de valor], *E-Flux*, 2017.

de colonialismo, escravidão e diáspora), instala uma geologia insurgente. As origens do Antropoceno continuam a apagar e a dissimular histórias violentas de encontro, desapropriação e morte na imaginação geográfica. Essa pré-história geológica tem tudo a ver com o Antropoceno enquanto uma condição do presente; é a história material que constitui o presente em todos os seus geotraumas e, assim, deveria ser acolhida, retrabalhada e reconstituída em termos de agência *em prol* do presente, *em prol do fim deste mundo* e da possibilidade de outros, pois o mundo já está girando para encarar a tempestade, escrevendo seu clima para a próxima geologia. Afinal de contas, estamos todos envolvidos na geologia, desde a constituição mineralógica cósmica de nossos corpos até as práticas e estéticas que abastecem nosso consumo e extração atuais. Nosso desejo é constituído no subsolo, moldado na mina e nos veios escuros das formações esquecidas nas quais um dia nos transformaremos, em que já estamos nos transformando. Mas nossa relação com o subsolo é diferente.

Dentro da linguagem das proximidades inumanas, os fantasmas da geologia se erguem, nomeando tempestades, tornados, folhas e rios como experiência. Césaire escreve:

> Eu devia redescobrir o segredo das grandes comunicações, das grandes combustões (...)
>
> Tenho palavras vastas para
> Vos conter e você, terra, tensa ébria terra (...)[38]

38 A. Césaire apud D. Brand, *Um mapa para a porta do não retorno: notas sobre pertencimento*. Tradução de Jess Oliveira. Rio de Janeiro: A Bolha, 2022, p.75.

CAPÍTULO 5

ESCREVENDO UMA GEOLOGIA PARA A PRÓXIMA TEMPESTADE

Meu esforço é tentar testemunhar algo que terá de estar presente quando a tempestade passar, que nos ajude a atravessar a próxima tempestade. As tempestades estão sempre chegando.

JAMES BALDWIN[1]

Viajar sem um mapa, viajar sem um caminho. Eles o fizeram, muito tempo atrás. Essa falta de direção se tornou o caminho. Para lá da Porta do não Retorno, um mapa não passava de um conjunto de impossibilidades, um conjunto de lugares em mudança.

DIONNE BRAND[2]

1 J. Baldwin apud E. Pavlic, "*Who Can Afford to Improvise?*": *James Baldwin and Black Music, the Lyric and the Listeners* ["Quem é capaz de improvisar?": James Baldwin e música negra, o lírico e os ouvintes], 2017.
2 D. Brand, *Um mapa para a porta do não retorno: notas sobre pertencimento*. Tradução de Jess Oliveira. Rio de Janeiro: A Bolha, 2022.

UM BILHÃO DE ANTROPOCENOS NEGROS é uma intervenção na política e na poética de abjeção que sustentam o Antropoceno como fato material e persistente em corpos e ambientes: uma geologia subtendida que atua como diferenciadora em relações de poder. Geólogos podem perguntar o que isso tem a ver com geologia, ao que se pode responder: tudo! O Antropoceno foi concebido como uma geologia política, e essa é sua prática; além disso, historicamente, em que momento a geologia foi qualquer coisa que não política em suas narrativas sobre o mundo, sobre origens e a mobilização da extração como arma da motivação e modo de despossessão? Questões geológicas envolvendo o tempo profundo e o tempo recente estão entrelaçadas com questões políticas difíceis sobre a descolonização e possibilidades de futuros. Perceber o intricamento entre estruturas antinegras e coloniais do Antropoceno, as quais constituem a face obscura de suas histórias de origem, dá visibilidade ao trabalho material e corpóreo que faz surgir coercivamente o Antropoceno e questiona as narrativas de agência que ele carrega. Ou seja, a sobrevivência desses *representantes geológicos* perturba, revela e contesta os relatos simplórios do universalismo colonial e sua reprodução das geometrias de poder na vida geológica.

Quero alterar a maneira como pensamos e imaginar relações geológicas em modos não extrativistas; pensar sobre o encontro com a tempestade vindoura de maneiras que não facilitem sua renovação generalizada. A despeito do clima político que condiciona a terminologia em torno da ruptura ambiental, não há escapatória da presença radical da geologia em nossas vidas, na forma de energia, sensibilidade, tempestade, fissura e uma crescente consciência do custo que essa energia impõe a corpos físicos e planetários (uma consciência cujas testemunhas têm sido "silenciadas" desde 1492). Quando a tempestade acabar, outra virá. As tempestades estão sempre chegando, cada vez com maior velocidade e intensidade. De um ponto de vista bastante literal, essas tempestades podem muito bem ser a mensagem política e a instanciação material mais notáveis e insistentes do Antropoceno na atualidade. Se a tempestade de hoje é um prelúdio de outra, o que, nos termos de Baldwin, nos ajudaria a atravessar a próxima tempestade?

Um passo inicial rumo à descolonização do Antropoceno pode ser dado através da geo-*Poética*. A geo-*Poética* utiliza o termo *Poética*, cunhado por Silva, para denotar uma práxis feminista negra que poderia anunciar de forma ativa todo um novo modo de saber, fazer, existir, como num mandato ético. Silva diz: "O que é a Intenção *Poética* Negra? Seria uma ética que, em vez da melhoria do mundo como o conhecemos, busca seu fim?".[3] A geo-*Poética* voltaria um Antropoceno decolonial contra o Homem e o impulso homogeneizante dos tropos humanistas, indo em direção a um outro mundo de matéria que ponha a raça como fator central das formações geossociais e geo-*Poéticas* do Antropoceno. Essa tensão geo-*Poética* pode nos impelir rumo à ideia de um bilhão de Antropocenos negros como uma desestabilização do pensamento antropocênico. Argumentei que o Antropoceno apresenta uma *geologia colonial*, uma geologia na qual cavilhas são nomeadas e concebidas, o que, por sua vez, gera uma territorialização especificamente racializada da terra. À luz desse colonialismo e da maneira como os momentos geomórficos são marcados na carne de comunidades-alvo, é necessário tanto repensar o empirismo dessa geologia social – ou seja, prestar atenção à composição material desses momentos geológicos – quanto não reproduzir epistemicamente esses arranjos de poder na narrativa. No momento,

3 D. F. Silva, "Toward a Black Feminist Poethics" [Rumo a uma poética feminista negra], *The Black Scholar*, 2014.

temos um Antropoceno Branco que transforma as tradições epistêmicas do particular numa expressão geral sem "remodelar num nível coletivo" os termos de humanidade.[4]

Como é possível deslocar a linguagem da geologia de modo que tais movimentos de desapropriação não possam ser realizados de maneira tão fácil? Essa é uma questão de reparação que enquadra o Antropoceno na alquimia da raça e da geologia como um cálculo de extração. Se o Antropoceno exige reconhecer a mudança na qualidade da força subjetiva da geologia, é preciso fazê-lo num nível material, atentando a como as relações geológicas estruturam, sustentam, condicionam e restringem a agência. Deve-se fazê-lo também num nível simbólico, para questionar as formas como a classificação geológica organiza vidas psíquicas e modos de não-ser. Trata-se de pensar como o "geopoder"[5] é um produto de relações de subjugação, bem como de consideração e capitalização geopolítica, em vez de reforçar e reiterar a "naturalização" da desapropriação colonial de terras e minérios. Essa análise histórica estende o escopo de seu interesse aos sujeitos contemporâneos presos em relações geológicas desumanizantes que deformam a terra de várias maneiras (o que é reconhecido no Antropoceno) e deformam sujeitos (o que não é explicitamente reconhecido). É raro ver essas deformações estruturais gêmeas sendo consideradas em conjunto enquanto práxis epistêmica que encontra sua resolução na relação inumana. Quem é protegido por essa divisão nessas estruturas inumanas? Como a nomenclatura geológica delimita a distância entre essas

4 D. F. Silva, "Before Man: Sylvia Wynter's Rewriting of the Modern Episteme" [Antes do homem: a reescrita da episteme moderna por Sylvia Wynter] in K. McKittrick (org.), *Sylvia Wynter: On Being Human as Praxis* [Ser humano como práxis], 2015, p. 99.

5 K. Yusoff, "The Anthropocene and Geographies of Geopower" [O Antropoceno e as geografias do geopoder] in M. Coleman e J. Agnew (org.)., *Geographies of Power*, 2018.

duas operações conjuntas? Se, por um lado, a imaginação de um perigo planetário força um ideal de "nós", isso só ocorre quando as armadilhas do liberalismo tardio se tornam ameaçadas. Esse "nós" nega toda responsabilidade pela forma como a riqueza dessa geologia foi construída a partir dos estratos que sustentam o genocídio e o apagamento indígenas, a escravidão e o trabalho carcerário, e evita admitir o que essa acumulação de riqueza ainda possibilita no presente – para que "nós" não nos esqueçamos que as economias da geologia ainda regulam em grande medida a geopolítica e os modos de naturalização, formalização e operacionalização da desapropriação e da ocupação colonial que continuam hoje.

Como seria uma geologia que recusasse o papel formulado pelo famoso adágio cunhado por Charles Lyell – "a chave do passado está no presente" – e avançasse, em vez disso, com as formações geológicas antecipatórias do Antropoceno, uma formulação que reconhece explicitamente que a chave para o futuro está no presente e que o presente não é apenas orientado ao futuro, mas que o futuro já está inscrito no presente, já está pululando recombinações materiais das más formulações materiais do passado secretadas em possibilidades futuras? A escrita de uma geologia para a próxima tempestade se afastaria da gratificação política imediata de nomear uma cavilha de ouro ou de ser o autor de uma nova história de origem no registro histórico de uma geologia que é, ao mesmo tempo, desestabilizadora da historicidade que carrega e ciente do catálogo sangrento que criou. Uma série de perguntas emerge a partir dessa perturbação da geologia:

1. De que modo a formação do Antropoceno como geologia política reformula e reimagina relações materiais que até o momento foram organizadas pela antinegritude?

2. Que remoções violentas fazem parte dessa manobra para se organizarem em torno de uma subjetividade geológica "inocente" na busca de uma futura cidadania ambiental? Que estratégias de individuação e comunhão estão envolvidas na geologização do social?
3. Quem é vulnerável aos danos causados pela ideia do Antropoceno, epistemológica e materialmente, no apagamento de efeitos diferenciados e no compartilhamento do excedente? Em paralelo, o que se torna invulnerável ao escrutínio?
4. Como essas proposições da vida geológica no Antropoceno organizam e gerenciam um conjunto de relações num arcabouço regulatório de posses e propriedades? Quais são os pressupostos normativos da geologia enquanto modo de operação e extensão da ocupação colonial através da nomenclatura de materialidade e da práxis de extrações?
5. Uma vez que a geologia é um ponto de encontro que une genocídio indígena, escravidão e colonialismo através de uma estrutura indiferente de extração, indiferente às especificidades de pessoas e lugares, de que modo a recusa de responsabilidade no mapeamento de passados e futuros da geologia deixa o presente intocado?

Um bilhão de Antropocenos negros propõe uma nova grafia da geologia que desenterre as secreções raciais em suas práxis histórica e futura. Em vez de ver a Negritude como biopolítica, podemos vê-la também como um ato geopolítico na divisão da carne e da terra por meio da gramática do inumano. Proponho que o Antropoceno produz uma geofísica de antinegritude realizada por meio de conjuntos de relações materiais e físicas na designação de propriedade e propriedades. A defesa do coletivo na geologia, sob a máscara da universalidade ou humanidade, é na verdade uma deformação da diferenciação das relações subjetivas feitas na e através da geologia. É assim que a codificação da geologia (como terra, mineral, metal, ouro, mercadoria, valor, recurso) se torna a base histórica do saque, mobilizando um campo de desapropriação no qual a linguagem da contenção é usada para organizar materialmente a extração, na qual a violência é disfarçada de libertação da riqueza excedente de pessoas e da terra. *Um bilhão de Antropocenos negros* busca uma gramática da geologia para a próxima tempestade. Propõe que o evento da geologia se torne verdadeiramente assinalado pelas marcas coloniais que incentivaram sua passagem à "altura do mundo".[6] Acolhe as intimidades com o inumano. Afirma uma geologia insurgente em prol do fim do mundo, em prol da possibilidade de outros mundos não marcados pela antinegritude, em que o inumano seja uma relação, não mais um apêndice de fungibilidade. É uma recusa do fardo branco excessivo da geologia que tem secretado seus excessos em cada poro da terra. Nenhuma geologia é neutra.

> *O problema era a gravidade e a solução era a gravidade.*
> D. Brand, *Love Enough*[7]

6 A. Césaire, *Textos escolhidos: A tragédia do rei Christophe; Discurso sobre o colonialismo; Discurso sobre a negritude*. Tradução de Sebastião Nascimento. Rio de Janeiro: Cobogó, 2022, p. 205.

7 D. Brand, *Love Enough*, 2014, p. 157.

NOTAS DA AUTORA

i Quando uso o termo *vida geológica*, o faço para sinalizar a corporalidade da geologia como incorporação material e enquadramento sistemático da materialidade, que possui consequências geopolíticas e biopolíticas para as possibilidades de ser e de não ser (vide Yusoff, 2013, 2015, 2018).

ii É importante observar que tudo que sabemos sobre geologia deve-se aos fósseis descobertos através da mineração e à motivação para o desenvolvimento do conhecimento geológico a fim de mobilizar essa estrutura de extração.

iii Os campos dos estudos negros e indígenas são complexos em suas diferenças e na delimitação da experiência histórica conjunta, ainda que encenada de modo distinto, em especial no contexto da natalidade e das genealogias dos direitos à terra.

iv Por exemplo, enquanto eu desenvolvia este trabalho num programa de pesquisa avançada na Durham University, no norte da Inglaterra, fizemos uma visita à Palace Green Library, onde é mantida uma quantidade considerável de arquivos sobre a colônia britânica do Sudão. Nesse arquivo colonial havia mapeamentos das relações entre tribos e tentativas de decifrar suas genealogias e assim estabelecer uma cartografia de autoridade. Isso era complementado por relatórios antropológicos sobre sinalizações tribais, comedores de terra, tatuagens, circuncisão feminina e cirurgia nativa (Sudão, 1908), numa tentativa de decifrar indicadores de sexualidade, ritos e rituais que transformassem o nativo em Outro.

v Agradeço a Nigel Clark pela formulação desse pensamento.

vi Wynter (2015, p. 23) nos lembra que "o ponto principal é, portanto, a incorporação de todas as formas de seres humanos numa única descrição homogênea que seja baseada na figura do Homem mono-humanista liberal do Ocidente. E essa concepção de ser, por ser ostensivamente natural-científica, é biocêntrica". Assim, esse Homem está restrito em seu horizonte biopolítico a uma forma liberal de subjetividade que nega as ecologias e a geofísica da existência. Além disso, conforme argumenta Katherine McKittrick, "o humano é vinculado a histórias epistemológicas que são rápidas em valorizar um gênero do humano que reifique os princípios burgueses do Ocidente; o humano é, portanto, forjado com matérias fisiológicas e narrativas que sistematicamente excluem os mais marginalizados do mundo" (citado em Wynter, 2015, p. 9).

vii O argumento de Wynter em torno da indigenização e do aprendizado de novas formas de plantar a subjetividade na terra é um meio de reivindicar uma relação geográfica subjetiva roubada e não deve ser confundido com uma reivindicação de indigeneidade. No contexto do colonialismo de ocupação, a indigeneidade faz reivindicações materiais específicas e justas acerca da soberania e do território que são diferentes daquelas que Wynter faz para os escravizados negros. Acredito que a autora esteja nos pedindo para perceber a criação de uma nova gramática material fora da geo-lógica da *plantation* que humanize as condições inumanas através de uma relação com a terra que seja planetária, não territorial.

viii https://www.youtube.com/watch?v=LLCF7vPanrY.

ix "Projeto 4.1 de Estudos Biomédicos: Estudos de Reação em Seres Humanos Expostos a Significativa Radiação Beta e Gama em Virtude da Precipitação Radioativa Causada por Armas de Alto Rendimento": "Os objetivos do [Projeto 4.1] eram (1) avaliar o grau dos danos radioativos nos seres humanos expostos, (2) fornecer todo o atendimento médico necessário e (3) conduzir um estudo científico dos danos causados pela radiação em seres humanos" (Martin e Rowland, p. 182, 186, 188).

x O uso e a devolução dos ternos indicam certa qualidade performática na sujeição dos cidadãos marshalleses pelo exército estadunidense, não muito diferente das roupas alugadas que os mercadores usavam nos leilões de escravizados.

xi Os subtestes envolveram plutônio, urânio e berílio e foram apelidados de "Gatinhos", "Ratos" e "Raposa", que são, ironicamente, exemplos de ecologias descontroladas que foram levadas para a Austrália pelos colonizadores e que tiveram um efeito devastador na flora e na fauna singulares do país.

xii https://africaisacountry.atavist.com/decolonizing-knowledge-and-the-question-of-the-archive.

xiii Terisa Tinei Siagatonu, "Layers", http://themissingslate.com/2017 /10/01/layers/.

xiv E até a Alteridade posicionada na busca pela liberdade estava ela mesma "seduzindo a sombra". Morrisson (1992, p. 37-38) sugere: "A população escravizada, talvez e assim se esperava, se ofereceu como sujeitos secundários na meditação sobre os problemas da liberdade humana, suas tentações e exclusividade. (...) A natureza sem limites, a saudade da terra natal, a agressão emocional... em outras palavras, essa população escravizada era vista como se tivesse se colocado à disposição para reflexões sobre à liberdade humana em termos alheios às abstrações de potencial humano e de direitos do homem".

xv A feminista negra Audre Lorde (1984) questiona o apego de Baldwin ao sonho americano como uma instanciação patriarcal: "Bem, bem, bem lá no fundo eu sei que esse sonho nunca foi – meu. (...) Ninguém estava me estudando a não ser como uma coisa a ser varrida do mapa. (...) Pior até do que o pesadelo é o Vazio. E as mulheres negras são o vazio. (...) Temos de admitir e lidar com a diferença. (...) Se somos capazes de levar pessoas até a

Lua e de explodir o planeta, se somos capazes de pensar na possibilidade de escavar 45 centímetros de sujeira radioativa dos atóis de Bikini e de alguma maneira descobrir o que fazer com isso – se somos capazes de fazer tudo isso, nós como trabalhadores culturais negros somos, de alguma forma, capazes de começar a virar esse jogo".

xvi O filme de McQueen foi exibido no cinema abandonado e subterrâneo Lumiere, na St. Martin Lane, Londres, em novembro de 2002.

xvii Wynter (sem data, p. 128) descreve o modo como, nas descrições da crucificação do escravizado feitas pelo colonizador, os escravizados lhe parecem pouco afetados pela sádica tortura, "comportando-se o tempo todo com um grau de insolência reforçada e de insensibilidade brutal", sugerindo a incapacidade por parte dos colonizadores de perceber a sensibilidade da dor negra ou de entender a coragem reunida nesse contexto.

AGRADECIMENTOS

Este trabalho começou como resposta a um chamado de Angela Last, que organizou a oficina "Descolonizando o Antropoceno" em 2015. As ideias e o texto se metamorfosearam muitas vezes desde então, como consequência da presença em muitos eventos sobre o Antropoceno, nos quais a ausência de discussões sobre raça permitiu que o fluxo suave do raciocínio patriarcal conquistasse seu terreno mais uma vez. A prática de referenciação que escolhi reflete essas ausências. Meu objetivo neste livro foi abrir espaço para essas discussões críticas sobre raça e geologia, uma vez que as mulheres, em especial as não brancas, se acreditarmos nas referências, não escrevem teorias da terra e, se as mesmas referências forem levadas em conta, elas não escrevem muito sobre coisa alguma, esperam o próprio apagamento! Em específico, sou grata pelos convites vindos de Astrida Neimanis e Jennifer Mae Hamilton (Universidade de Sydney, "Raqueando o Antropoceno: propostas feministas, queer e anticoloniais", abril de 2016), Rory Rowan (Universidade de Zurique, "O Antropoceno entre a Terra e as ciências sociais", novembro de 2016), Jody Dean (Fisher Center for the Study of Women and Men, Hobart & William Smith Colleges, "Gênero, Clima e o Antropoceno", fevereiro de 2016), *New Materialism Conference* (Paris Unesco, "Humanidades ambientais e novos materialismos: a ética da descolonização da natureza e da cultura", junho de 2017), Andrew Baldwin (Durham University, dezembro de 2017), e London Group of Historical Geographers (Institute for Historical Research, novembro de 2017). Sou especialmente grata pelos comentários generosos e pelas críticas a este trabalho enquanto eu aprendia a transitar por entre as literaturas dos estudos negros e da geologia. Um viva especial para Stephanie Springgay e Sarah E. Truman pela corrida para emitir minha insígnia de "*queer trails*" em Paris. Sou grata ao Schomburg Center for Research in Black Culture, onde li o extraordinário *Black Metamorphosis*, de Sylvia Wynter, e os ensaios de James Baldwin; aos arquivos do Smithsonian National Museum of Natural History e ao incrível Museu Nacional de História e Cultura Afro-americana. A equipe da University of Minnesota Press manteve o entusiasmo durante todo o processo, e devo um agradecimento especial a Dani Kasprzak, Jason Weidman e Anne Carter. O texto foi finalmente redigido durante um estágio no Institute of Advanced Studies, na Durham University. Sem esse período de concentração e o excelente companheirismo que encontrei ali, este trabalho nunca teria se transformado neste (pequeno) livro. Pela amizade e pelo alimento durante as tempestades, agradeço a Lisa, Andrew, Lorcan e Torin, Amanda e Pete, Robyn e, em Durham, aos colegas Divya Tolia-Kelly, Siobhán McGrath, Elizabeth Johnson e Andrew Baldwin. Pensando com as formas onde a escrita vai parar. Por manter o fogo aceso e o humor afiado nos "papos" do Fim do Mundo, agradeço a Jennifer Gabrys, Tim Pearn, Myra Hird, Nigel Clark, Angela Last e Stephanie Wakefield. Em suas revelações mais aprazíveis e em seus modos subterrâneos, o pensamento é uma conversa travada no ônibus de ida e volta. Tive o prazer de encontrar em Nigel Clark e em Myra Hird interlocutores de longa data acerca do inumano, e os questionamentos de Mary Thomas sobre o tempo profundo alteraram essa reflexão em todos os sentidos.

REFERÊNCIAS

D'ANGHERIA, Pietro Martire. *Decades of the New World*. Tradução de Richard Eden. Londres: William Powel, 1955.

BALDWIN, James; MEAD, Margaret. *Rap on Race*. Nova York: Bantam Double Day Dell, 1971.

BEBBINGTON, Anthony J.; BURY, Jeffrey T. "Institutional Challenges for Mining and Sustainability in Peru", *PNAS*, ano 106, n. 41, 2009, p. 17296-17301.

BLACKMAN, Douglas. *Slavery by Another Name*. Nova York: Anchor Books, 2008.

BLANCHOT, Maurice. *Friendship*. Stanford: Stanford University Press, 1997.

BOGUES, Antony. *After Man, towards the Human: Critical Essays on Sylvia Wynter*. Kingston: Ian Randle, 2006.

BRAND, Dionne. *In Another Place, Not Here*. Toronto: Vintage Canada, 1996.

_____. *Land to Light On*. Toronto: McClelland and Stewart, 1997.

_____. *At the Full and Change of the Moon*. Nova York: Grove Press, 1999.

_____. *A Map to the Door of No Return: Notes to Belonging*. Vancouver: Random House, 2001. [Ed. bras.: *Um mapa para a porta do não retorno: notas sobre pertencimento*. Tradução de Jess Oliveira. Rio de Janeiro: A Bolha, 2022.]

_____. *Love Enough*. Vancouver: Random House, 2014.

_____. "An Ars Poetica from the Blue Clerk", *The Black Scholar*, ano 47, n. 1, 2017a, p. 58-77.

_____. "Writing against Tyranny and toward Liberation", *Barnard Center for Research on Women*, 2017b. Disponível em https://www.youtube.com /watch?v=eCbktO7pOuY. Acesso em: 24 mar. 2025.

BROECK, Sabine; JUNKER, Carsten. *Postcoloniality, Decoloniality, Black Critique: Joints and Fissures*. Frankfurt: Campus, 2014.

BUCK-MORSS, Susan. *Hegel e o Haiti*. Tradução de Sebastião Nascimento. São Paulo: n-1 edições, 2017.

BUTLER, Judith. *Os sentidos do sujeito*. Tradução de Carla Rodrigues (coord.). São Paulo: Autêntica, 2021.

CAMPT, Tina. *Listening to Images*. Durham: Duke University Press, 2017.

CÉSAIRE, Aimé. *Diário de um retorno ao país natal*. Tradução de Lilian Pestre de Almeida. São Paulo: Edusp, 2021.

_____. *Discourse on Colonialism*. Nova York: Monthly Review Press, [1972] 2000. [Ed. bras.: *Textos escolhidos: A tragédia do rei Christophe; Discurso sobre o colonialismo; Discurso sobre a negritude*. Tradução de Sebastião Nascimento. Rio de Janeiro: Cobogó, 2022.]

CRUTZEN, Paul. "Geology of Mankind: the Anthropocene", *Nature*, ano 415, n. 23, 2002.

CRUTZEN, Paul; SCHWÄGER, Christian. "Living in the Anthropocene: Towards a new Global Ethos", *Yale Enviroment 360*, 2011. Disponível em <http://e360.yale.edu /features/living_in_the_anthropocene_toward_a_new_global_ethos>. Acesso em: 23 mar. 2025.

DAVIES, Carole B. "From Masquerade to Maskarade: Caribbean Cultural Resistance and Rehumanizing Project" in MCKITTRICK, Katherine (org.). *Sylvia Wynter: On Being Human as Praxis*. Durham: Duke University Press, 2015, p. 203-25.

DELOUGHREY, Elizabeth. "The Myth of Isolates: Ecosystem Ecologies in the Nuclear Pacific", *Cultural Geographies*, v. 20, n. 2, 2013, p. 167-184.

DHAIRYAM, Sagri. "'Artifacts for Survival': Remapping the Contours of Poetry with Audre Lorde", *Feminist Studies*, v. 18, n. 2, 2017, p. 229-256.

DU BOIS, W. E. B. *Darkwater: Voices from within the Veil*. Nova York: Harcourt, Brace, 1920.

FANON, Franz. *Os condenados da terra*. Tradução de Lígia Ferreira. Rio de Janeiro: Zahar, 2022.

GLISSANT, Édouard. *Poética da Relação*. Tradução de Marcela Vieira e Eduardo Jorge de Oliveira. Rio de Janeiro: Bazar do Tempo, 2021.

GUMBS, Alexis P. "Coal: Black Matter Oracle" , *The Black Scholar*, v. 47, n. 3, 2017, p. 3-7.

HALL, Catherine. "Gendering Property, Racing Capital", *History Workshop Journal*, v. 78, n. 1, 2014, p. 22-38.

HALL, Catherine et al. *Legacies of British Slave-Ownership: Colonial Slavery and the Formation of Victorian Britain*. Londres: Cambridge University Press, 2014.

HARTMAN, Saidiya. *Cenas da sujeição*. Tradução de Fernanda Silva e Sousa e Marcelo R. S. Ribeiro. São Paulo: Fósforo, 2025.

_____. "The Time of Slavery", *South Atlantic Quarterly*, v. 101, n. 4, 2002, p. 757-777.

_____. *Perder a mãe: uma jornada pela rota atlântica da escravidão*. Tradução de Jose Luiz Pereira da Costa. Rio de Janeiro: Bazar do Tempo, 2021.

_____; WILDERSON, Frank. "The Position of the Unthought", *Qui Parle*, v. 13, n. 2, 2003, p. 183-201.

JAMES, C. L. R. *Black Jacobins: Toussaint L'Ouverture and the San Domingo Revolution*. Nova York: Random House, [1938] 1989. [Ed. bras.: *Os jacobinos negros*. Tradução de Afonso Teixeira Filho. São Paulo: Boitempo, 2000.]

JEMISIN, N. K. *A quinta estação*. Tradução de Aline Storto Pereira. Rio de Janeiro: Morro Branco, 2017.

KING, Tiffany L. "The Labor of (Re)reading Plantation Landscapes Fungibile(ly)", *Antipode: A Radical Journal of Geography*, v. 48, n. 2, 2016, p. 1022-1039.

KULETZ, Valerie. *The Tainted Desert: Environmental Ruin in the American West*. Nova York: Routledge, 1998.

LAST, Angela. "Fruit of the Cyclone: Undoing Geopolitics through Geopoetics", *Geoforum*, v. 64, 2015, p. 56-64.

_____. "We Are the World? Anthropocene Cultural Production between Geopoetics and Geopolitics", *Theory, Culture, and Society*, v. 34, 2017, p. 147-168.

LAUBSCHER, Laetitia. "Between the Devil and the Deep Blue: Marshall Islanders Face Nuclear Fallout and Rising Seas", *Vice*, 7 mar. 2017. Disponível em <https:// www.vice.com/en_nz/article/pgwg5y/between-the-devil-and-the-deep-blue-marshall-islanders-face-nuclear-fallout-and-rising-seas>. Acesso em 23 mar. 2025.

LEMENAGER, Stephanie. *Living Oil: Petroleum Culture in the American Century*. Oxford: Oxford University Press, 2014.

LEWIS, Simon; MASLIN, Mark. "Defining the Anthropocene", *Nature*, v. 519, 2015, p. 171-180.

LORDE, Audre. "Revolutionary Hope: A Conversation between James Baldwin and Audre Lorde", *James Baldwin Archive*, caixa 5, pasta 16, Schomburg Center, dez. 1984.

_____. *Coal*. Londres: W. W. Norton, 1996.

LYELL, Charles. *Principles of Geology*. Londres: Penguin Books, 1998.

_____. *Travels in North America*. Londres: John Murray, 1845.

_____. *A Second Visit to the United States of North America*. Londres: John Murray, 1849.

MALM, Andreas. *Capital fóssil*. Tradução de Humberto do Amaral. São Paulo: Elefante, 2025.

MARTIN, Edwin J.; ROWLAND, Richard H. 1982. *Castle Series, 1951*. Disponível em <https://www.dtra.mil/Portals/61/Documents/NTPR/2-Hist_Rpt_Atm/1954_DNA_6035F.pdf>. Acesso em 23 mar. 2025.

MARX, Karl. *Capital. O capital*. Tradução de Rubens Enderle, Celso Naoto Kashiura Jr. e Marcio Bilharinho Naves. São Paulo: Boitempo, 2013.

MBEMBE, Achille. *A crítica da razão negra*. Tradução de Sebastião Nascimento. São Paulo: n-1 edições, 2022.

MCKITTRICK, Katherine. "On Plantations, Prisons, and a Black Sense of Place", *Social and Cultural Geography*, v. 12, n. 8, 2011, p. 947-963.

MINTZ, Sidney. *Sweetness and Power: The Place of Sugar in Modern History*. Nova York: Viking, 1985.

MORRISON, Toni. *Playing in the Dark: Whiteness and the Literary Imagination*. Nova York: Vintage, 1992.

MOTEN, Fred. *Na quebra: a estética da tradição radical preta*. Tradução de Matheus Araujo dos Santos. São Paulo: n-1 edições, 2023.

_____. *A Poetics of the Undercommons*. S. l.: Sputnik and Fizzle, 2016.

_____; HARNEY, S. *Sobcomuns: Planejamento fugitivo e estudo negro*. Tradução de Mariana Ruggieri, Raquel Parrine, Roger Farias de Melo e Viviane Nogueira. São Paulo: Ubu, 2024.

PAVLIC, Ed. *Who Can Afford to Improvise?": James Baldwin and Black Music, the Lyric and the Listeners*. Nova York: Fordham University Press, 2017.

POVINELLI, Elizabeth *Geontologias: um réquiem para o liberalismo tardio*. Tradução de Mariana Ruggieri. São Paulo: Ubu, 2023.

ROBBINS, Nicholas. *Mercury, Mining, and Empire: The Human and Ecological Cost of Silver Mining in the Andes*. Bloomington: Indiana University Press, 2011.

SEXTON, Jared. "People-of-Color-Blindness", *Social Text*, v. 28, n. 2, 2010, p. 31-55.

SHARPE, Christina. *Monstrous Intimacies: Making Post-Slavery Subjects*. Durham. Duke University Press, 2009.

_____. *No vestígio: negridade e existência*. Tradução de Jess Oliveira. São Paulo: Ubu, 2023.

_____. "Lose Your Kin", *New Inquiry*, 16 nov. 2016b. Disponível em <https://thenewinquiry.com/lose-your-kin/>. Acesso em 23 mar. 2025.

SILVA, Denise F. *Toward a Global Idea of Race*. Minneapolis: University of Minnesota Press, 2007.

SILVA, Denise F. "Toward a Black Feminist Poethics", *The Black Scholar*, v. 44, n. 2, 2014, p. 81-97.

_____. "Before Man: Sylvia Wynter's Rewriting of the Modern Episteme" in MCKITTRICK, Katherine *Praxis* (org.). *Sylvia Wynter: On Being Human as Praxis*. Durham: Duke University Press, 2015, p. 90-105.

_____. "–1 (life) ÷ 0 (blackness) = ∞ – ∞ or ∞ / ∞: On Matter beyond the Equation of Value", *E-Flux*, n. 79, 2017. Disponível em <https://www.e-flux.com /journal/79/94686/1-life-0-blackness-or-on-matter-beyond-the -equation-of-value/>. Acesso em 23 mar. 2025.

SPILLERS, Hortense J. *Black, White and in Colour*. Chicago: University of Chicago Press, 2003.

SYNDER, Terri L. *The Power to Die: Slavery and Suicide in British North America*. Chicago: University of Chicago Press, 2015.

TAUSSIG, Michael. *Shamanism, Colonialism, and the Wild Man: A Study in Terror and Healing*. Chicago: University of Chicago Press, 1986.

TUCK, Eve; YANG, K. Wayne. "Decolonization Is Not a Metaphor", *Decolonization: Indigeneity, Education, and Society*, vol. 1, n. 1, 2012, p. 1-40.

WATERS, Colin N. et al. "The Anthropocene Is Functionally and Stratigraphically Distinct from the Holocene", *Science*, v. 351, n. 6269, 2016. Disponível em <https://doi.org/10 .1126/science. aad2622>.

WEHELIYE, Alexander. "Freenin' Posthuman Voices in Contemporary Black Popular Music", *Social Text*, v. 20, n. 2, 2002, p. 20-47.

WEHELIYE, Alexander. *Habeas Viscus: Racializing Assemblages, Biopolitics, and Black Theories of the Human*. Durham: Duke University Press, 2014.

WILDERSTON, Frank. *Incognegro*. Durham: Duke University Press, v. 3, 2008.

WRIGHT, Michelle. *Physics of Blackness: Beyond the Middle Passage Epistemology*. Minneapolis: University of Minnesota Press, 2015.

WYNTER, Sylvia. "Unsettling the Coloniality of Being/Power/Truth/ Freedom: Towards the Human, After Man, Its Overrepresentation – An Argument", *CR: The New Centennial Review*, v. 3 n. 3, 2003, p. 257-337.

_____. "Unparalleled Catastrophe for Our Species? Or, to Give Humanness a Different Future: Conversations" in MCKITTRICK, Katherine (org.). *Sylvia Wynter: On Being Human as Praxis*. Durham: Duke University Press, 2015, p. 9-89.

_____. *Black Metamorphosis: New Natives in a New World*. Nova York: Schomburg Center for Research in Black Culture, s. d.

YUSOFF, Kathryn. "Geologic Life: Prehistory, Climate, Futures in the Anthropocene", *Environment and Planning D: Society and Space*, v. 31, n. 5, 2013, p. 779-795.

_____. "Queer Coal: Genealogies in/of the Blood, SI on Anthropocene", *PhiloSOPHIA: Journal of Continental Feminism*, v. 5, n. 2, 2015, p. 203-230.

_____. "Anthropogenesis: Origins and Endings in the Anthropocene", *Theory, Culture, and Society*, v. 33, n. 2, 2016, p. 3-28.

_____. "Epochal Aesthetics", *E-Flux*, 2017a. Disponível em <http://www.e-flux .com/architecture/accumulation/121847/epochal-aesthetics-affectual-infrastructures-of-the-anthropocene/>. Acesso em 23 mar. 2025.

_____. "Politics of the Anthropocene: Formation of the Commons as a Geologic Process", *Antipode: A Radical Journal of Geography*, v. 50, n. 1, 2017b., p. 255-276.

_____. "The Anthropocene and Geographies of Geopower" in COLEMAN, M.; AGNEW, J. (org.). *Geographies of Power*. Londres: Edward Elgar, 2018, p. 203-216.

_____; THOMAS, Mary. "Anthropocene" in TURNER, L. et al. (org.). *Edinburgh Companion to Animal Studies.* Edinburgh: Edinburgh University Press, 2018, p. 52-64.

ZALASIEWICZ, Jan et al. "When Did the Anthropocene Begin? A Mid-Twentieth Century Boundary Level is Stratigraphically Optimal", *Quaternary International*, v. 383, n. 5, 2015, p. 196-203.

POSFÁCIO

UM BILHÃO DE FLORES ROXAS A RESGATAR DO LIXÃO DA GEO-HISTÓRIA COLONIAL: CAROLINA MARIA DE JESUS E O ANTROPOCENO NEGRO

A carne mais barata do mercado é a carne negra.
Yuka, Seu Jorge, Ulisses Cappelletti, 1998

São Paulo, Brasil, novembro de 1955. Carolina, mulher negra, mãe de três filhos, estava voltando para a favela do Canindé, onde morava. Para ganhar seu sustento, catava materiais descartados pela população da grande cidade. Nesse dia, conseguiu 55 cruzeiros com a venda do papelão e fez seu caminho de retorno à favela. Ao chegar lá, deparou-se com uma mulher que havia sido despejada de seu barraco pela prefeitura. Em desespero, a mulher expressava suas queixas e lamentações, tornando a situação ainda mais angustiante para Carolina, que atesta:

> Como é horrível ouvir um pobre lamentando-se. A voz do pobre não tem poesia.
> Para reanimá-la eu disse-lhe que havia lido na Bíblia que Deus disse que vai concertar o mundo.
> Ela ficou alegre e perguntou-me:
> — Quando vai ser isto, Dona Carolina? Que bom! E eu que já queria me suicidar!

> Disse-lhe para ela ter paciência e esperar que Jesus
> Cristo vem ao mundo para julgar os bons e os maus.
> — Ah! Então vou esperar.
> Ela sorriu.
> (...) Despedi-me da mulher, que já estava mais animada.
> Parei para concertar o saco que deslisava da minha
> cabeça. Contemplei a paisagem. Vi as flores roxas.
> A cor da agrura que está nos corações dos brasileiros
> famintos.[1]

O tom corriqueiro e o desdobramento inusitado do diálogo, com o contorno narrativo engenhoso da personagem para evitar o pior, não conseguem dissimular a violência presente na cena, materializada na fome, no desabrigo, no desespero, na expulsão, na antevisão da morte. Esse é um pequeno episódio dentre centenas que Carolina Maria de Jesus narrou ao longo de vinte cadernos que compunham o seu diário. *Quarto de despejo* é o livro originado dessa jornada, no qual registrou o seu cotidiano e a vida dos favelados, seus companheiros de uma existência atravessada pelos traumas da desigualdade.

Neta de escravizados e filha de uma mulher sem instrução escolar que ganhava a vida como lavadeira, Carolina Maria de Jesus nasceu em 1914 no interior do estado brasileiro caracterizado pela abundância de riquezas minerais e sua brutal extração – Minas Gerais, na comunidade rural de Sacramento. Com a ajuda de uma freguesa abastada de sua mãe, passou a frequentar a escola aos sete anos e cursou dois anos do ensino fundamental – tempo curto, mas suficiente para despertar nela o gosto pelas letras. A família de oito filhos mudou-se para uma

1 C. M. de Jesus, *Quarto de despejo: diário de uma favelada*. São Paulo: Ática, 2015, p. 141.

fazenda, onde trabalharam como lavradores, e, em 1930, para Franca, no estado de São Paulo. Primeiro, Carolina trabalhou lavrando a terra, depois como empregada doméstica. Já morando no Canindé, sua atividade noturna consistia em catar papel para obter renda e exercitar a leitura, ao coletar revistas e livros. Passou a escrever seus diários e a cultivar o desejo de ser escritora, o que a impeliu até a redação do jornal *Folha da Manhã* para mostrar um poema de sua autoria, publicado em 1941.

Nesse contexto, a inclinação de Carolina à literatura se apresentava como uma saída para lidar com os efeitos da escassez e da privação. Ela dizia: "quando eu não tinha nada o que comer, em vez de xingar, eu escrevia". Em 1958, o jornalista Audálio Dantas foi à favela do Canindé para, no âmbito de uma reportagem, conhecer a escrita, a história e a figura de Carolina. Impressionado, ele foi o responsável pela edição e publicação de parte do texto, que culminou no lançamento do livro em 1960. Algum tempo depois, a favela foi desocupada, e seus moradores despejados para dar lugar à construção da Marginal Tietê, uma das principais vias que conectaram e impulsionaram o desenvolvimento econômico da capital paulistana. Tietê é também o nome do rio que a rodovia margeia e que, no último quarto do século XX, virou sinônimo de degradação ambiental urbana devido à alta concentração de poluição em suas águas.

Quarto de despejo: diário de uma favelada foi um sucesso de vendas e teve a tiragem de 10 mil exemplares esgotada em uma semana. O livro levou sua autora a receber diversas homenagens, e nos anos seguintes ela ainda publicaria outras três obras. Apesar disso, a poeta – que é uma das primeiras escritoras negras publicadas no país, com obra traduzida para catorze línguas –, no fim de sua vida, continuava dependendo do dinheiro obtido com a coleta de materiais recicláveis para sustentar a si e à família. Carolina Maria de Jesus morreu aos 62 anos em sua casa em Parelheiros, na Zona Sul de São Paulo.

Dificilmente, alguém não reconheceria hoje a narrativa de Carolina Maria de Jesus como parte crucial da história das favelas no país, por tematizar o problema da fome, das remoções, das desigualdades, da urbanização, das questões raciais e de gênero, e ainda sua importância para a literatura negra e a literatura brasileira em geral. Por outro lado, de saída talvez seja difícil perceber uma relação entre a vida de Carolina e a crise ambiental contemporânea. No entanto, essa é exatamente a provocação que eu gostaria de fazer às leitoras e leitores: qual seria a relação entre a história de Carolina Maria de Jesus e as mudanças climáticas?

A chave para a resposta que une a singularidade biográfica de Carolina de Jesus à trajetória singular do próprio planeta em crise pode ser fornecida pela geógrafa Kathryn Yusoff. Seguindo essa instigante proposta, Carolina pode ser considerada um significativo exemplo das situações que compõem "um bilhão de Antropocenos negros", junto com outras 999 milhões, 999 mil e 999 histórias invisibilizadas pela narrativa geológica da crise planetária.

As discussões sobre o Antropoceno e sobre os critérios a respeito da possível definição de uma nova época geológica marcada pela ação humana não são exatamente recentes. Um consenso científico em torno da origem humana das mutações climáticas já estava em vias de se estabelecer ainda nos anos 1990[2] – mesmo que, recentemente, a Subcomissão Internacional de Estratigrafia da União Internacional das Ciências Geológicas (IUGS, na sigla em inglês) tenha decidido, numa votação marcada por polêmicas e irregularidades, não aceitar a pro-

2 B. Latour, *Diante de Gaia: oito conferências sobre a natureza no Antropoceno*. São Paulo: Ubu/ Ateliê de Humanidades, 2020.

posta da nova época geológica. No entanto, a problemática do Antropoceno não se limita à questão do estabelecimento de uma nova época geológica ou não, mas se estende sobretudo para a definição da "cavilha de ouro", a adoção de um marco físico num estrato geológico que permitiria a diferenciação entre o período geológico que termina e o que começa.

Nas humanidades, áreas do saber em que o debate sobre o Antropoceno tem ganhado cada vez mais atenção, a discussão da "cavilha de ouro" se desdobra do marco físico para a reflexão sobre os processos históricos e políticos mais amplos que engendraram o aparecimento dessas marcas nos estratos geológicos da terra. Essa ampliação de escopo envolve incorporar uma clara dimensão sociopolítica como aspecto inescapável da definição da origem do Antropoceno enquanto evento histórico, assim como a discussão de qual seria o conceito mais apropriado para caracterizar esses processos.

Desse modo, o próprio conceito de Antropoceno vem sofrendo inúmeras revisões e análises críticas ao longo do tempo. Uma das principais críticas se refere à suposta homogeneização a que o termo induz ao apontar a "humanidade" ou os "humanos" como o sujeito operador da transformação planetária ou como nova "força geológica".[3] Diante do reconhecimento de que os "humanos" não afetam nem são afetados da mesma forma pelas alterações climáticas, e que a definição do marco de origem assume relevância para o apontamento de possíveis responsáveis e reparações históricas, outros termos vêm emergindo como alternativas: Capitaloceno,[4] Chthulu-

3 D. Chakrabarty, "Four Thesis" [Quatro teses]. *The Climate of History in a Planetary Age*. Chicago: University of Chicago Press, 2021.

4 J. Moore, *Anthropocene or Capitalocene? Nature, History, and the Crisis of Capitalism* [Antropoceno ou capitaloceno? Natureza, história e a crise do capitalismo]. Oakland: Pm Press, 2016.

ceno,[5] Plantationoceno,[6] Tecnoceno,[7] são parte da proliferação de conceitos cunhados como potenciais "altercenos" na tentativa de pôr em evidência aspectos e relações considerados incontornáveis diante das limitações que a noção de Antropoceno apresenta.

Atualmente, as alterações climáticas deixaram de figurar apenas como preocupação e objeto de análise de distintos grupos de cientistas. Seus efeitos têm sido sentidos na pele, se materializando na experiência cotidiana das pessoas comuns com cada vez mais frequência e intensidade na forma de crises e desastres em todo o mundo. A questão ecológica e climática contemporânea é, portanto, um desafio complexo composto por inúmeras camadas materiais, temporais, epistemológicas e políticas. Enquanto a maior parte do debate e das ações se perde na superfície de discursos corporativos característicos do "ambientalismo de mercado",[8] seguindo a tradição ambientalista de matriz liberal à qual a noção de racismo ambiental se

5 D. Haraway, *Staying with the Trouble: Making Kin in the Chthulucene* [Permanecendo com o Problema: Criando Laços no Chthuluceno]. Durham: Duke University Press, 2016.

6 A. Tsing, *The Mushroom at the End of the World* [O cogumelo no fim do mundo]. Princeton/ Oxford: Princeton University Press, 2015.

7 A. Hornborg, "The Political Ecology of the Technocene: Uncovering Ecologically Unequal Exchange in the World-System" [A ecologia política do tecnoceno: revelando a troca ecologicamente desigual no sistema mundial]. In: C. Hamilton, C. Bonneuil e F. Gemenne (orgs.), *The Anthropocene and the Global Environmental Crisis* [O antropoceno e a crise ambiental global]. Rethinking, 2015.

8 K. Bakker, "The 'Commons' versus the 'Commodity': Alter-Globalization, Anti-Privatization and the Human Right to Water in the Global South" [O "bem comum" versus a "mercadoria": alterglobalização, antiprivatização e o direito humano à água no Sul Global]. *Antipode : A Radical Journal of Geography*, v. 39, n. 3, p. 430-55, 2007.

contrapõe,[9] outras dimensões, mais centrais e estruturais, permanecem nos subterrâneos.

Com o instigante livro *Um bilhão de Antropocenos negros ou nenhum*, de Yusoff, agora traduzido para o português, embarcamos em uma escavação arqueológica do que a autora chama de Geologia Branca do Antropoceno e sua obstinada "cegueira racial". Seu movimento, portanto, tem o mérito de restituir a política ao debate do Antropoceno não pela expansão do seu escopo para além do discurso científico, mas, ao contrário, mergulhando em profundidade na linguagem da ciência ela mesma.

Essa imersão promove uma abertura do campo de visão em direção ao antecampo, e, assim, percebemos na narrativa que situa um "nós" como agente geológico das mudanças climáticas uma reivindicação de "inocência". Isso porque ela dilui e dissimula no seu universalismo homogeneizante as relações de poder e as desigualdades racializadas que constituem o Antropoceno desde suas origens. Cabe então questionar e levar a sério a pergunta: quem são esses "nós"? Quem são os sujeitos (e os objetos) do Antropoceno?

Para abordar essa questão, Yusoff, apoiada em uma extensa literatura negra, sobretudo do feminismo negro, propõe uma inversão de perspectiva, deslocando o foco da "humanidade" para a "inumanidade". A construção conceitual do inumano – a divisão entre "sujeitos" (passíveis do direito de ter agência e gozar de liberdade) e aqueles não são considerados "gente", mas "matéria" (passíveis da violência de ser coisificado e sofrer a extração) – é precisamente o que torna a geologia a disciplina

9 L. Cole, S. Foster, "A History of the Environmental Justice Movement" [A história do movimento por justiça ambiental]. *From the Ground Up: Environmental Racism and the Rise of the Environmental Justice Movement* [Para cima do chão: racismo ambiental e surgimento do movimento por justiça ambiental]. Nova York: NYU Press, 2001.

privilegiada no escrutínio crítico da autora. Esse processo atinge de modo frontal a suposta neutralidade da geologia enquanto modo de descrição, na medida em que o desvelar de sua performatividade política assume a forma de uma gramática racializante e de uma tecnologia extrativa.

Essa gramática é a do inumano, que distingue sujeitos humanos daqueles que são vendidos como matéria inumana e precificados como carne. No solo em que a "civilização", o "progresso" e a "modernidade" eram erigidos em nome de uma "humanidade" restrita ao indivíduo liberal delineado no projeto iluminista, milhões de pessoas negras eram arrancadas de suas terras e de seus vínculos primordiais e de sua subjetividade para se transformarem em objetos passíveis de extração.

A troca de escravizados por ouro, no argumento de Yusoff, torna a negritude um estrato material do Antropoceno e de sua Geologia Branca. Há um deslizamento semântico entre matéria corpórea e mineralógica e a inserção da última em regimes de valor voltados para a exploração da propriedade, os quais são promovidos pela linguagem e o léxico da geologia. Ao nomear as propriedades da matéria, a geologia opera como "modo de acumulação, por um lado, e de desapropriação, por outro, dependendo de que lado da linha geológica de cor está o indivíduo" (p. 23). Ao contrário da pressuposição de que a geologia, em contraste com a biologia, não lidaria com sujeitos, pensar a geologia como uma formação racial e a negritude em termos das relações de materialidade abre caminho para examiná-la como uma biopolítica do não-ser.

A dimensão racial e os processos de racialização vêm sendo compreendidos em análises recentes como parte estrutural e constitutiva da crise ecológica e climática. Em um trabalho inspirador que emerge na esteira do livro de Yusoff, o engenheiro ambiental e filósofo político martinicano Malcom Ferdinand elabora a ideia de um Negroceno.[10] Sua reflexão crítica parte da imagem do navio negreiro e das narrativas históricas do que se passou em seus porões para ressituar a escravidão como o cerne de um habitar colonial que estabelece a um só tempo um modo de relação violenta com os outros humanos e um modo destruidor de estar na terra. Restabelecer os nexos constitutivos desses dois processos iria ao encontro da superação do que ele identifica como a "dupla fratura da modernidade". Essa dupla fratura seria justamente a divisão ou o apagamento das continuidades entre o mesmo tipo de tratamento dado a certos humanos, à natureza e aos seres não humanos, transformados em "recursos" como parte de um único projeto colonial.

A substituição do trabalho indígena pelo de pessoas negras trazidas à força da Costa do Ouro no Brasil do início do século XVIII é apontada por Yusoff como um marco no estabelecimento da primeira linha de cor da Geologia Branca. Nesse momento, como forma de solucionar as dificuldades que se interpunham à exploração colonial de minério, a raça adentra o sistema classificatório da geologia como relação material e a escravização é agenciada como tecnologia extrativa baseada nas propriedades dos corpos negros.

A mineração, atividade extrativa por excelência, atravessa os tempos coloniais com o ouro e a prata, passa pelas origens do capitalismo industrial com as minas de carvão e chega, com a corrida por lítio, à economia globalizada do presente, mantendo sua dupla característica: trabalho intensivo em situação insalubre e degradante aliado à profunda devastação ambiental. Em várias partes do mundo, testemunhamos cada vez mais desastres associados à perigosa gestão de seus resíduos tóxicos,

10 M. Ferdinand, *Ecologia decolonial: pensar a partir do mundo caribenho*. São Paulo: Ubu, 2022.

como mostram as tragédias com as barragens de Mariana e Brumadinho no Brasil ou a situação catastrófica de contaminação radioativa em Joanesburgo.[11]

Racismo sistêmico e ecocídio se apresentam, assim, como processos indissociáveis, nos quais a extração violenta e a degradação de corpos de pessoas tanto quanto de paisagens e ecossistemas serviram de base infraestrutural não apenas da colonização, situada pretensamente no passado, mas como estrutura e sedimento ainda vigentes do capitalismo contemporâneo e do Antropoceno.

Há, portanto, no Antropoceno e em todos esses processos que lhe são constitutivos, uma temporalidade complexa e multiescalar, que se desdobra em várias camadas da crise climática contemporânea. Como salienta o historiador indiano Dipesh Chakrabarty,[12] a nova época geológica antropogênica acarreta transformações radicais no modo como percebemos o tempo histórico, colapsando as separações entre história natural e história humana.

As mudanças climáticas têm a capacidade de alterar nosso senso do presente, não apenas lançando preocupações e urgência sobre nosso futuro, mas, sobretudo, permitindo uma visualização e uma compreensão mais crítica a respeito de nosso passado. Na verdade, ganhamos uma percepção mais apurada de que efetivamente nada "ficou para trás", o que nos torna menos ingênuos com relação a periodizações históricas convenientes e limitadas que buscam colocar pontos-finais em processos que continuam moldando de modo definitivo nosso presente e, em especial, nossos possíveis futuros.

11 G. Hecht, "Introduction: The Racial Contract is Technopolitical" [Introdução: o contrato racial é tecnopolítico]. *Residual Governance* [Governança residual]. Durham: Duke University Press, 2023.

12 D. Chakrabarty, op. cit.

O termo "capitalismo racial" enfatiza justamente o racismo, não como efeito colateral, mas como princípio fundacional de organização social das democracias liberais, algo portanto essencial ao capitalismo. A historiadora estadunidense Gabrielle Hecht[13] sublinha os nexos entre racismo e resíduos a partir do conceito de "governança residual", entendido como instrumento central do capitalismo racial moderno e um dos principais aceleradores do Antropoceno. Essa governança utiliza simplificação, ignorância e adiamentos como táticas primordiais, sendo não apenas a governança de resíduos e coisas descartadas: trata-se de lidar com pessoas e lugares como se fossem resíduos e lixões (*wastelands*). A raça é o dispositivo transformado em código para designar pessoas e lugares descartáveis e degradáveis. E, através de infraestruturas corporificadas e racializadas,[14] como *plantations*, minas, prisões e lixões, o capitalismo racial segue desapropriando negros e indígenas nas Américas, na África e em outras partes do mundo.

Os vínculos entre raça e resíduos se dão tanto no âmbito das representações e da dimensão categorial quanto em termos de relações sociais. A antropóloga Kathleen Millar explora os paralelos entre a representação do lixo e a produção racializada da categoria do "humano".[15] O historiador ambiental Marco Armiero, ao propor o termo residuoceno (*wasteocene*),[16] chama atenção aos resíduos não como coisas, mas como relações socioecológicas

13 G. Hecht, op. cit.
14 M. Lima, "Infraestruturas residuais: colonialismos na gestão de resíduos e a política catadora". *Estudos Avançados*, 37 (107), p 63-82, 2023.
15 K. Millar, "Garbage as Racialization" [Lixo como racialização]. *Anthropology and Humanism*, v.45, n. 1, p 4-24, 2020.
16 M. Armiero, "Introduction" [Introdução] e "From the Anthopocene to the Wasteocene" [Do antropoceno ao residuoceno]. In: *Wasteocene: Stories from the Global Dump* [Residuoceno: Narrativas do lixão global]. Cambridge: Cambridge University Press, 2021.

com o objetivo de produzir exclusão e desigualdades. Nesse sentido, resíduo é tornado verbo, "*wasting*", para designar uma prática de alteridade que consiste na produção colonial do outro (*othering*).

Sem dúvida, os resíduos possuem uma inescapável dimensão material: eles se acumulam, persistem, deixam um "legado",[17] que materializa sempre o passado no presente. O livro de Yusoff nos permite pensar esse legado através da compreensão da geologia como relação de poder racializante que continua a operar no Antropoceno em toda a gama de suas manifestações materiais.

Sua reflexão nos convida a aprofundar a exploração geológica da matéria do Antropoceno e suas "sobrevidas", com o olhar atento às propriedades das coisas, aos sedimentos, àquilo que permanece em meio às alterações e persiste. A partir disso, gostaria de manter o foco nos resíduos para tematizar, por fim, outro ângulo do processo de extração: as dinâmicas entre matéria extraída e matéria descartada.

A produção de resíduos é a condição inerente de qualquer processo extrativo, que implica o descarte e o desperdício da própria matéria explorada como parte constitutiva e concomitante ao processo de extração. O olhar para o Antropoceno a partir da materialidade dos resíduos desvela então um jogo no qual pessoas racializadas, tratadas como matéria extrativa, são ao mesmo tempo descartadas, tornadas elas próprias resíduos. Assim, seguem sendo violentadas pela contaminação e sofrendo as consequências do legado tóxico da extração em sua saúde, seus corpos, seus mundos.

17 S. Boudia et al., "Residues: Rethinking Chemical Environments" [Resíduos: repensando meio-ambientes químicos]. *Engaging Science, Technology, and Society*, v. 4, p. 165-178, 2018.

São esses fios que, em sua capilaridade e particularidade, tecem as múltiplas escalas da trama planetária do Antropoceno, que, nessa perspectiva, está em cada corrente sanguínea contaminada de agrotóxicos, em cada casa que alaga com a chuva na favela, em cada rede de pesca abarrotada de plástico, em cada comunidade aterrada com lama tóxica, em cada vazamento de óleo no mar, em cada árvore derrubada na floresta, em cada perfuração do subsolo, em cada reserva invadida, em cada animal que tomba na seca, em cada partícula tóxica que alcança os pulmões, em cada projétil que encontra um corpo de cor.

Apesar da violência, da expropriação, do descarte, da contaminação e das tentativas reiteradas de eliminação, as populações racializadas, assim como as paisagens degradadas e os próprios resíduos, permanecem. Elas continuam resistindo, desenvolvendo estratégias de vida, e encontrando em meio ao sofrimento formas resilientes de habitar um mundo no qual os colonialismos persistem.[18]

Para além do mero imperativo de sobreviver, o que não é pouca coisa, teria essa persistência, essa capacidade de resistir, um sentido político? As desapropriações operadas pela gramática do inumano se dão em terrenos tanto geográficos quanto subjetivos. A objetificação, que visa coisificar para extrair, busca a supressão da subjetividade, ou a formação de uma "subjetividade geológica" associada a um regime de extração, o que vale para a escravização do contexto colonial tanto quanto para a autoextração proativa do neoliberalismo contemporâneo.

Por isso, a partir do trabalho de acadêmicas negras feministas, Yusoff investe na dimensão política de modos estético-afetivos alternativos de formulação da subjetividade como

18 M. Liboiron, *Pollution is Colonialism* [Poluição é colonialismo]. Durham: Duke University Press, 2021.

possibilidade de (sobre)viver sob relações geológicas desumanizantes, em meio a condições de violência. A ideia de uma "geo *poética*" serve de guia em direção à descolonização do Antropoceno e corresponde a um modo de fazer mundo orientado pela ética, sem perder de vista a centralidade da raça na constituição sociomaterial do Antropoceno.

A história de Carolina Maria de Jesus toma parte na geo-história de extração e de violência dos corpos negros do Antropoceno, ao passo que sua narrativa se orienta rumo à direção de inscrever no mundo uma geo *poética*. Foi em meio ao lixo que ela coletou os papéis e materiais para a composição de seu diário. Da matéria inservível, das coisas indesejadas e descartadas, ela retirou potencialidades, inventou poemas e narrativas, tematizou os dramas e os traumas vividos. Escrevivências[19] da experiência da exclusão, da fome, que operaram uma reelaboração subjetiva, um contorno poético como terreno interior seguro onde se apoiar em meio à fome, à revolta, à dor.

Carolina resgatou das sobras da cidade a matéria-prima desprezada a partir da qual pôde existir e resistir material e subjetivamente. Nos resíduos, garimpou valor econômico e simbólico e fez dele oportunidade de transformação política. Sua escrita, sua história e sua vida poderiam nunca ter vindo à tona, permanecendo apagadas e ignoradas nos subterrâneos do solo aterrado diariamente pelo acúmulo de tudo aquilo que é produzido e descartado pelas infraestruturas extrativas da economia global. Os papelões, jornais e revistas recuperados e transformados por Carolina, assim como suas próprias histórias,

19 C. Evaristo, "Da grafia-desenho de minha mãe, um dos lugares de nascimento de minha escrita". In: Alexandre, Marcos A. (org.), *Representações performáticas brasileiras: teorias, práticas e suas interfaces*. Belo Horizonte: Mazza Edições, 2007, p. 16-21.

reflexões e biografia, poderiam jamais ter sido resgatados da massa caótica de rejeitos que ganha mais camadas a cada minuto que passa.

Voltemos então à cena do Canindé e à geo *poética* de Carolina de Jesus. Excluída, despejada de sua casa, expulsa de seu pedaço de terra pelos representantes do poder, a mulher, na ausência de perspectiva, deseja o suicídio. Carolina não vê poesia no lamento desesperado da pobreza, mas dá um contorno estético-poético à interação. O diálogo se desenrola enfocando a questão central. Uma perspectiva é aventada no horizonte, Jesus Cristo viria "ao mundo julgar os bons dos maus". A mulher questiona "quando", numa tentativa de calcular se valeria a pena a espera. A cena tematiza, portanto, o desejo de justiça e sua temporalidade. Como ter paciência diante da agrura da fome? Será que o conserto do mundo caberia mesmo ao divino?

Se a exploração, a violência e o sofrimento vêm da materialidade, de infraestrutruras colonialistas, de gramáticas racializantes e tecnopolíticas extrativistas sedimentadas no solo e na formação geológica do Antropoceno, a justiça só poderá ser alcançada por meio da transformação material das engrenagens produtoras da desigualdade. E, então, a pergunta que não cala: "quando vai ser isto, Dona Carolina?".

Temos tempo? Até que ponto devemos ter paciência e esperar? Diz o ditado: quem tem fome, tem pressa. As tragédias não são apenas individuais, a cada dia mais desastres climáticos anunciam o ponto de não retorno. Reverter o cenário é urgente. Mas, na espera urgente em meio à paisagem perturbada, quantas Carolinas, Estamiras e tantas outras mulheres e vidas negras sucumbem soterradas no lixão? Quantas flores roxas nunca chegam a desabrochar, desperdiçadas no solo infértil e seco da geo-história colonial? Para desestabilizar a solidez desse monumental edifício rochoso, quantos Antropocenos são precisos?

Os Antropocenos negros se formam da insurgência convergente de múltiplas ecologias decoloniais e incontáveis subjetividades geo *poéticas* contra o inumano. Nessa luta, são um bilhão, ou nenhum.

Maria Raquel Passos Lima
Professora adjunta do departamento de Antropologia do Instituto de Ciências Sociais da Universidade do Estado do Rio de Janeiro (UERJ), professora do Programa de Pós-Graduação em Ciências Sociais (PPCIS/UERJ) e coordenadora do ResiduaLab/UERJ

Título original *A Billion Black Anthropocenes Or None*

Este livro foi revisado segundo o Acordo Ortográfico da Língua Portuguesa de 1990, em vigor no Brasil desde 2009.

EDIÇÃO Ana Cecilia Impellizieri Martins

COORDENAÇÃO EDITORIAL Raquel Toledo

COORDENAÇÃO DA COLEÇÃO DESNATURADAS Alyne Costa e Fernando Silva e Silva

ASSISTENTE EDITORIAL Bruna Ponte

TRADUÇÃO Rita Paschoalin

REVISÃO TÉCNICA Fernando Silva e Silva

COPIDESQUE Joice Nunes

REVISÃO Tamara Sender

CAPA E PROJETO GRÁFICO Elisa von Randow / Alles Blau

DIAGRAMAÇÃO Estúdio Insólito

CIP-BRASIL. CATALOGAÇÃO NA PUBLICAÇÃO / SINDICATO NACIONAL DOS EDITORES DE LIVROS, RJ

Y96b
Yusoff, Kathryn
Um bilhão de antropocenos negros ou nenhum / Kathryn Yusoff ; tradução Rita Paschoalin.
- 1. ed. - Rio de Janeiro : Bazar do Tempo, 2025.

Tradução de: A billion black anthropocenes or none
ISBN 978-65-85984-60-7

1. Geologia humana. 2. Antropologia. 3. Colonialismo - Aspectos ambientais.
4. Negros - Identidade racial. I. Paschoalin, Rita. II. Título.

25-99136.0 CDD: 304.28
CDU: 316.472

Gabriela Faray Ferreira Lopes - Bibliotecária - CRB-7/6643

BAZAR DO TEMPO
PRODUÇÕES E EMPREENDIMENTOS CULTURAIS LTDA.

Rua General Dionísio, 53 - Humaitá
22271-050 Rio de Janeiro - RJ
contato@bazardotempo.com.br
www.bazardotempo.com.br

APOIO
serrapilheira

COLEÇÃO DESNATURADAS

A coleção Desnaturadas reúne trabalhos desenvolvidos por mulheres que ousam "desnaturalizar" saberes, relações, corpos e paisagens, fazendo emergir mundos complexos e novas perspectivas. Oriundas de diferentes campos das ciências e das humanidades, essas autoras, já renomadas ou jovens pesquisadoras, abordam alguns dos temas mais urgentes do debate contemporâneo, como a crise ecológica, o lugar das ciências nas sociedades atuais, a coexistência entre verdades e saberes modernos e não modernos e a convivência com seres outros-que-humanos. Desnaturadas constitui uma bibliografia essencial para conhecer o papel das mulheres na construção do conhecimento e nas lutas políticas de reinvenção das relações com e na Terra.

COORDENAÇÃO
Alyne Costa
Fernando Silva e Silva

Este livro foi editado pela Bazar do Tempo em julho de 2025,
na cidade de São Sebastião do Rio de Janeiro, e impresso
no papel pólen bold 70 g/m² pela gráfica Margraf.
Foram usadas as tipografias Favorit Pro e Bely.